독서교육, 스토리텔링을 만나다

배철우 지음

도모생애교육신서 30
독서교육, 스토리텔링을 만나다

초판 1쇄 찍은 날 · 2014년 3월 25일 | 펴낸 날 · 2014년 3월 31일
지은이 · 배철우 | 펴낸이 · 김승태
등록번호 · 제2-1349호(1992. 3. 31) | 펴낸 곳 · 예영커뮤니케이션
주소 · (136-825) 서울시 성북구 성북1동 179-56 | 홈페이지 · www.jeyoung.com
출판사업부 · T. (02)766-8931 F. (02)766-8934 e-mail: jeyoungedit@chol.com
출판유통사업부 · T. (02)766-7912 F. (02)766-8934 e-mail: jeyoung@chol.com

Copyright ⓒ 2014, 배철우

값 9,000원

국립중앙도서관 출판시도서목록(CIP)

독서교육, 스토리텔링을 만나다 / 지은이: 배철우. -- 서울
: 예영커뮤니케이션, 2014
    p. ;   cm. -- (도모생애교육신서 ; 30)

참고문헌 수록
ISBN 978-89-8350-886-7 04370 : ₩9000

스토리 텔링[story telling]
독서 교육[讀書敎育]

029.8-KDC5
028.5-DDC21   CIP2014008363

독서교육, 스토리텔링을 만나다

배철우 지음

예영커뮤니케이션

프롤로그　● ● ●

　우리는 이야기를 좋아한다. 할아버지, 할머니로부터 어릴 적 듣고 또 들었던 옛날이야기를 들으며 권선징악을 배웠고, 선생님의 첫사랑이야기를 통해 사랑에 대해 눈을 떴다. 교회 목사님의 성경이야기 설교는 우리에게 믿음을 키워 주었고, 위인들이 걸어온 이야기를 통해 꿈을 키우고, 의지를 불태웠다.

　이렇듯 이야기는 우리들에게 꿈과 사랑과 믿음과 훌륭한 가치관을 형성하는 데 더없이 좋은 도구가 된다. 게다가 재미도 있다. 이러한 이야기의 중요성으로 인해 점차 다양한 분야에 활용되기에 이르렀고, 나아가 미래 산업의 한 축으로 예측하는 미래학자도 있다. 필자도 그 예측에 동감한다. 이야기는 늘 우리와 함께한다. 우리에게 삶의 의미를 주고, 방향을 제시하며, 우리와 함께 울고 웃으며 감동을 제공한다. 이를 통해 우리는 삶의 방향키를 조정해 나간다.

　이야기가 중요하듯 이제는 그 이야기를 어떻게 수용자에게 효율적이고 인상적이게 전해 주는가가 또한 관건이다. 가령 하나의 이야기를 영화로 보았을 때는 그저 그런 감동을 받다가도 책을 통해 접했을 때 더 큰 감동을 받을 수 있다는 것이다. 따라서 이야기, 즉 스토리(story)와 더불어 이것을 어떻게 전해 주는가 하는 텔링(telling)도 함께 묶어서 고려해야 한다.

스토리텔링의 가장 기본이자 전형이라 할 수 있는 분야가 바로 독서분야이다. 책은 인간이 언어를 사용할 줄 알면서 탄생하여 지금도 또 앞으로도 무시할 수 없는 인간의 지적유산으로 자리매김할 것이다. 이야기들은 책을 통해 오랜 세월 사람들에게 전해지고 또한 그 생명력을 유지하고 있는 것이 사실이다. 따라서 스토리텔링과 독서는 가장 밀접한 관계이며 자주 접할 수 있는 분야이다.

그럼에도 많은 스토리텔링 관련 서적들이 마케팅이나 기업 홍보, 상품 광고, 영화나 TV 같은 매스미디어 분야에만 초점을 두어 발간되고 있다. 이러한 현상은 스토리텔링을 활용하여 미래의 이익 창출과 사업 확장 등에만 관심을 갖고 있기 때문이며, 가장 기본이 되는 독서교육과의 접목은 이루어지고 있지 않다는 점에서 안타깝게 생각하던 중 필자가 대학에서 "스토리텔링을 활용한 독서교육"이라는 과목을 학생들에게 지도하면서 이와 관련한 책이 필요하다는 인식하에 본서를 쓰게 되었다.

이 책은 크게 1부와 2부로 나뉘어 있다. 1부에서는 스토리텔링과 관련한 제반 사항에 대해 살펴본다. 스토리텔링의 개념과 중요성, 스토리 창작의 방법 그리고 무한한 그 가능성과 다양한 분야에 대해 정리하였다. 2부에서는 스토리텔링과 독서교육을 접목시켜 살펴본다. 크게 스토리를 만드는 독서교육과 이미 창작되어진 스토리를 활용한 독서교육으로 나누어 살펴보기로 한다. 실제 창작의 사례를 위해 필자가 지도한 학생들의 작품을 게재하여 이 책을 통해 스토리텔링을 통한 독서교육을 배우려는 학생들에게 도움을 주고자 하였음을 밝힌다.

안타깝게도 이 책이 나오기 바로 전에 하늘의 부르심을 받으신 고 김승태 한국기독교출판협회 회장님께 심심한 존경과 감사의 말씀을 전하며, 아울러 경민대학교 독서문화콘텐츠과 오길주 교수님, 김현경 교수님 그리고 이 책에 좋은 작품을 제공한 학생들 모두에게도 감사드리며, 옆에서 후원해 준 사랑하는 아내 이금숙과 두 딸 주희, 정연에게 고마움을 전한다. 특히 이 책의 삽화 몇 장은 둘째딸 정연이의 솜씨임을 밝힌다. 미흡하지만 이 책을 통해 스토리텔링을 활용한 독서교육이 보다 활성화되어 많은 인재들이 길러지길 기대해 본다.

2014년 3월
배철우

part 2 스토리텔링을 활용한 독서교육

스토리텔링

1. 스토리텔링이란? ● ● ●

미래학자 롤프 옌센(Rolf Jensen)은 『드림 소사이어티(*Dream Society*)』라는 그의 저서를 통해 미래사회는 정보뿐만 아니라 이야기를 토대로 한 감성에 의해 추진될 것으로 보았다. 즉 소비자는 상품 자체의 기능이나 품질만 보는 것이 아니라 그것에 담겨 있는 이야기를 보고 선택한다는 것이다. 따라서 미래사회에서는 이야기를 많이 가진 나라, 지속적으로 이야기를 만들어 내는 나라가 세계에서 큰 영향력을 갖게 될 것이라고 예측하였다.

탄탄한 이야기 하나가 정보사회, 특히 디지털미디어의 발전에 따라 영화, 드라마, 라디오, 출판, 애니메이션 등 다양한 분야에서 고부가가치를 누릴 수 있다는 '원 소스 멀티유즈(One Source Multi-Use)'의 시대가 도래한다는 것이다. 이와 같은 예측은 이미 진행 중에 있는 것이 사실이다. 예를 들면, 조앤 K. 롤링(Joan K. Rowling)의 대표적인 이야기 "해리포터"는 책으로 만들어진 것 이외에도 영화, 게임, 음반, 캐릭터 등 다양한 분야에서 고부가가치를 누린 바 있다. 우리나라 드라마 중 많은 인기를 끌었던 〈대장금〉의 경우 하나의 이야기가 드라마에서부터 인기를 끈 것이 음반, 캐릭터, 관광, 출판, 만화, 뮤지컬, 애니메이션 등으로 제작되어 한류를 이끈 대표적인 이야기의 성공사례라 할 것이다.

이러한 사례를 통해 이제 제대로 된 이야기 하나가 다양한 분야에서 활용될 수 있으며, 나아가 개인뿐만 아니라 집단이나 국가에도 엄청난 이익을 제공할 수 있다는 것을 쉽게 예측할 수 있다. 따라서 앞으로 이야기를 얼마만큼 보유하느냐가 국익을 신장시키는 데 있어 큰 요인으로 작용할 수 있다. 이와 관련하여 주목받고 있는 것이 스토리텔링(storytelling)이다.

스토리텔링은 스토리(story)와 텔링(telling)의 합성어로서, 스토리는 어떠한 내용을 담은 줄거리를 갖는 이야기를 말하고, 텔링은 미디어에 맞는 표현방법을 말한다. 스토리는 인물이 존재해야 하고, 그 인물들이 사건을 통해 활동해야 하며, 그러한 사건의 시간적이고, 공간적인 배경이 뒷받침되어야 할 것이다. 최근에는 스토리텔링이 갖는 무한한 가능성 때문에 어떻게든 스토리텔링이라는 말을 수식어처럼 붙이는 것이 유행처럼 번지고 있는데, 인물, 사건, 배경이 존재하는 이야기일 때만이 진정한 스토리이며 이러한 스토리를 표현하는 것이 스토리텔링이다. 즉 스토리텔링은 '인물, 사건, 배경이 적합하게 형성된 이야기를 표현하고 전달하는 것'이라 할 수 있다. 가령 "은밀하게 위대하게"라는 인물, 사건, 배경이 갖추어진 이야기를 웹툰의 형식으로 표현한다고 하면 여기서 특정한 미디어인 웹툰을 통해 이야기(스토리)가 표현되고 전달되는 것으로 이것이 곧 텔링(telling)이며, 이것을 영화로 제작하여 상영하면 이것도 텔링의 한 종류인 것이다.

스토리텔링의 의미는 영어단어 그대로 해석하면 '이야기 말하기'의 의미가 되기 때문에 기존에는 '구연동화'나 '책 읽어 주기' 정도의 작은 의미로 사용되었으나 최근에 이르러 다양한 미디어의 발달과 디지털기술의 발전으로 앞서 제시한 확장된 의미로 변화되었다. 이는 스토리를 전달하는 전달자의 비중보다 스토리를 받아들이는 수용자의 비중이 더욱 커졌다는 것을 말한다. 즉 전달자는 효율적인 텔링을 통해 수용자의 마음을 끌어들여야 하기 때문이다.

2. 스토리텔링의 특성 ● ● ●

스토리텔링은 실제성과 허구성을 모두 갖는다는 특성을 갖고 있다. 이야기는 자서전이나 위인전과 같이 실제 일어난 일이나 신문이나 방송에 등장하는 실제 일어난 사건을 이야기 형태로 꾸밀 수 있기에 실제성을 갖지만 소설이나 희곡, 시나리오 등과 같이 픽션(허구)을 기반으로 한 창작 이야기가 많기 때문에 허구성도 스토리텔링의 특성 중 하나라 할 것이다.

또한 스토리텔링은 누구나 공감할 수 있어야 하는 수용적 특성을 갖는다. 스토리텔링은 일방적 커뮤니케이션이 아니기 때문에 그것을 수용하는 수용자적 측면에서도 관심을 기울여야 한다. 그렇다면 스토리텔링은 공중에 혼자서 분사하는 분수와 같은 존재가 아니라 텔링을 통해 수용자가 그것을 이해하고 느끼고 감동하며, 더욱이 공감할 수 있어야 하며, 교훈이나 주제에 맞게 수용자를 변화시킬 수 있어야 한다. 그러기 위해서는 수용자가 충분히 이해하고 받아들일 수 있도록 보편적이어야 하며, 흥미를 유발하거나 수용자 자신에게 유익한 것이 되어야 한다.

스토리텔링은 감동만 전하는 것이 아니라 지식을 전하는 특성을 갖는다. 신화, 전설, 민담 등의 이야기가 갖고 있는 역사적 지식이나 종교적, 사회문화적 지식이 함께 수용자들에게 전달되기 때문이다. 따라서 스토리에는 흥미나 재미만을 담아서는 안 되고 가능하면 이야기와 관련한 구체적이고 전문적인 지식도 포함되어 전해지는 것이 바람직하다.

스토리텔링의 또 다른 특성 중의 하나는 다양한 변화성이다. 스토리텔링 그 자체로서는 존재하는 것이 아니라 다른 스토리텔링에 흡수되기도 하고, 다른 텍스트의 스토리텔링과 혼합되기도 하며, 다른 스토리텔링을 빌려 좀더 탄탄한 스토리텔링으로 성장할 수 있기 때문이다. 가령 그리스 로마 신화는 그 자체로 스토리텔링의 형태를 갖추었지만 〈타이탄〉, 〈퍼시잭슨과 번개도둑〉과 같이 영화 시나리오로 새롭게 각색되거나 이야기의 한 부분을 더욱 확대시켜 스토리텔링으로 재탄생될 수 있는 것이다.

스토리텔링은 또한 지혜를 전하는 교훈적 특성을 갖는다. 이야기 중에 흔히 등장하는 것이 선과 악의 대결 모티프인데 선을 행하면 복이 오고, 악을 행하면 벌이 따른다는 내용으로 이루어진 것이다. 수용자들은 스토리텔링을 통해 선을 행해야 하고, 선한 주인공에게 박수를 보내며, 자신도 선해야겠다는 교훈을 얻게 된다. 이러한 특성으로 말미암아 수용자들은 감동을 받기도 하고, 그 안에서 교훈을 얻게 되어 이를 삶의 나침반이나 지침돌로 삼아 살아가게 된다. 이것이 스토리텔링이 중요한 존재임을 알리는 소중한 특성이다.

마지막으로 스토리텔링은 즐거움과 재미의 특성을 갖는다. 아무리 스토리가 탄탄하고 좋은 지식과 교훈, 감동을 전하는 것이라 하더라도 재미나 즐거움이 없으면 쉽게 접하려고 하지 않는다. 쓴 약이 몸에 좋은 것을 알아도 쉽게 접하려고 하지 않는 것과 같은 이치이다. 따라서 스토리텔링은 어떠한 형태이든 재미있고 즐거움을 갖고 있어야 보다 큰 텔링의 효과를 얻게 된다.

3. 스토리텔링이 갖는 힘   ● ● ●

EBS에서 방송한 다큐멘터리 〈이야기의 힘(3부작)〉에서 이야기의 중요
성에 대해 강조하고 있다. 일본의 한 마을에서 태풍으로 인해 그 마을의 주요
농가수입원인 사과가 거의 떨어져 많은 피해를 입게 되었다. 이때 한 농부가
떨어지지 않은 사과를 보고 이 사과를 먹으면 그 어떤 시련과 시험도 이겨낼
수 있다는 성공이야기를 덧입혀서 판매했고, 적은 양의 사과였지만 매우 비
싼 값에 팔아 큰 수익을 낼 수 있었다는 사례가 있다. 또 다른 사례로는 연극

배우들에게 지하철에서 구걸하면서 이야기를 한 경우와 이야기를 하지 않은 경우로 나누어 실험한 결과, 이야기 없이 구걸하게 한 경우보다 이야기를 통해 감정에 호소하였을 때 많은 탐승객의 지갑을 열게 하였다. 이와 같이 이야기에는 힘이 있다. 설득의 힘, 감동의 힘, 변화의 힘이 있다.

또한 이야기는 재미와 즐거움을 제공한다. 주인공이 겪는 인생과 그 이야기를 수용하는 수용자 사이에 묘한 감정이입이 존재하며 그것을 통해 카타르시스가 이루어져 성취감, 대리만족감을 누릴 수 있는 것이다. 우리 뇌의 거울 뉴런(mirror neurons)이라는 뇌신경 세포가 이와 같은 역할을 담당하고 있다는 것이 연구자들에 의해 밝혀지면서 이야기 속의 주인공과 자신을 동일시하는 현상을 설명하고 있다.

슈퍼맨 이야기는 평범한 사람이 하늘을 누비는 초인이 되어 악의 무리를 무찌르며 권선징악의 가치관을 형성한다. 권정생의 『몽실언니』에서는 어려운 환경 속에서 좌절하지 않고 끝까지 자신의 삶을 긍정적으로 펼쳐가는 의지를 배울 수 있다. 쉘 실버스타인(Shel Silverstein)의 『아낌없이 주는 나무(The Giving Tree)』는 소유하려는 사랑이 아닌 남에게 베푸는 진정한 사랑을 알게 한다.

아무리 좋은 진리나 주제도 직접적으로 전달하기보다는 이야기를 통해 전해 주게 된다면 가슴에 깊이 새겨지게 되며 오랫동안 기억에 남아 자신의 지식이나 가치관으로 자리 잡게 된다. 따라서 최근에는 이러한 이야기의 힘을 학습에 적용하려는 움직임이 눈에 띤다. 스토리텔링을 활용한 수학, 과학스토리텔링 등이 그것이다. 또한 역사나 철학도 이야기 역사, 이야기 철학 등으로 표현하여 학생들에게 어필하고 있다. 심지어 종교, 신앙교육에도 이야기는 크게 활용된다.

세계 최대의 베스트셀러이자 스테디셀러인 '성경(Bible)'을 읽다 보면 많은 이야기가 존재한다는 사실을 쉽게 깨닫는다. 하나님이 세상을 창조하신 이야기(창세기), 유태인으로 애굽(이집트)의 총리까지 이르게 되는 요셉의 성공이야기, 모세가 애굽에서 종살이를 하는 유태인들을 하나님의 명령으로 가나안 땅으로 이끌어가는 이야기(출애굽기) 등, 성경은 신비하고 흥미진진한 이야기들의 보고(寶庫)이다. 신약에서는 예수님께서 많은 이야기를 통해 비유적으로 가르침을 주고 있다. 가령 누가복음 10장 30-37절에서 예수님은 선한 사마리아인에 대한 이야기를 통해 선함의 정의를 교훈한다.

[30] "어떤 사람이 예루살렘에서 여리고로 내려가고 있었다. 그런데 도중에 강도를 만났다. 강도들은 이 사람의 옷을 벗기고 때려서 거의 죽은 채로 버려두고 갔다. [31]마침 한 제사장이 그 길을 내려가다가 그 사람을 보고는 길 반대편으로 피해서 지나갔다. [32]어떤 레위인도 그 곳

에 와서 그 사람을 보고는 길 반대편으로 피해서 지나갔다. [33]이번에는 어떤 사마리아 사람이 그 길을 여행하다가 그가 있는 곳에 이르렀다. 사마리아 사람이 그를 보고 불쌍하게 여겼다. [34]그래서 그 사람에게로 가서 그의 상처에 올리브기름과 포도주를 붓고 붕대로 감쌌다. 그리고 그를 자기의 짐승에 태우고 여관으로 데리고 가서 그를 정성껏 보살펴 주었다. [35]다음 날, 그는 은화 두 개를 여관 주인에게 주면서 말했다. '이 사람을 잘 보살펴 주세요. 만일 돈이 더 들면 내가 돌아올 때 갚겠습니다.' [36]너는 이 세 사람들 중에 누가 강도 만난 자의 이웃이라고 생각하느냐?' [37]율법학자가 대답했습니다. "그에게 자비를 베풀어 준 사람입니다." 그러자 예수님께서 그에게 말씀하셨습니다. "가서 똑같이 하여라!(『쉬운 성경[아가페]』)

유태인들이라면 태어나면서부터 함께하는 이야기책이 있다. 바로 성경(이들에겐 예수님을 구세주로 인정하지 않기에 구약성서만을 가리키며 "토라"라고 일컫는다)과 『탈무드』이다. 유태인들은 교육 자체가 남다르다. 성경과 탈무드를 반드시 읽고 이것에 대해 의견을 나누고 자신의 생각을 확장시켜 가면서 점차 다른 분야로 영역을 넓혀 간다. 흔히 유태인 교육이라고 하는 이들의 교육을 보면 일반 교육과 크게 다를 것이 없다. 독서, 토론 등이 그렇다. 하지만 가장 눈에 띄는 차이점은 성경과 탈무드를 읽고(독서), 읽은 내용을 가지고 부모, 교사, 친구들과 대화나 토론(이들은 이것을 "하브루타"라고 지칭한다)을 한다. 여기서 탈무드는 한마디로 정치, 경제, 철학, 종교, 윤리, 역사, 언어 등 유태인 현인들의 경험과 지혜가 녹아들어 있는 토론을 위한 이야기책이다.

서기 1세기경 인물인 랍비 조슈아가 도시를 향해 걸어가고 있었다. 랍비가 십자로 부근에 앉아 있던 소년에게 물었다. "어느 길로 가면 도시로 갈 수 있지?" 소년이 "이 길은 짧지만 시간이 오래 걸리고, 저 길은 길지만 시간이 짧게 걸립니다" 라고 답하였다. 랍비 조슈아는 소년이 "짧지만 시간이 오래 걸린다" 고 한 길을 택했다. 그런데 도시 가까이 도달했을 때 과수원을 만나 십자로로 돌아가야만 했다. 그는 소년에게 "내게 이 길이 짧다고 말하지 않았느냐?" 라고 물었다. 소년이 대답했다. "제가 시간이 오래 걸린다" 고도 말하지 않았습니까?

『탈무드』 중

이처럼 탈무드는 삶의 지혜와 명철을 주는 에피소드(일화 혹은 짧은 이야기)들로 가득하다. 이와 같은 이야기를 읽고, 질문하고, 토론하는 유태인 교육은 세계 전체 인구의 0.25%밖에 되지 않는 1,400만 명의 유태인들이 180개가 넘는 노벨상을 수상하게 된 결과와도 무관하지 않으며, 하버드대학 등 미국의 아이비리그대학의 평균 30%가 유태인들이라는 사실에서 그들의 이야기 교육은 매우 의미심장하다.

IQ가 평균 106으로 세계에서 두 번째로 높고, 세계학업성취도(PISA)에서 핀란드에 이어 2위를 차지한 우리나라 학생들이 실제로 대학에 입학하고서부터는 그다지 눈에 보이는 결과나 성과물을 보이지 않는다는 것은 참으로 안타까운 사실이다. 이야기 교육, 즉 독서교육이 무엇보다 시급하다 할 것이다.

4. 스토리 창작의 ABC ● ● ●

스토리 창작은 순수창작과 각색창작으로 나눌 수 있다. 순수창작은 말 그대로 무에서 유를 창조하는 것으로 그 이전에는 찾아볼 수 없는 새로운 이야기를 만드는 것을 말하며, 각색창작은 이미 존재하는 이야기를 기본으로 하여 새롭게 만드는 것을 말한다. 각색의 대상은 문학, 설화, 역사 등 다양한 부분으로 이들의 이야기를 시대적 요구에 맞추어 새롭게 창작할 수 있다. "창조는 모방에서 온다"는 격언처럼 기존의 이야기를 각색하는 훈련을 통해 순수창작으로 발전시켜가는 것이 바람직한 스토리 창작순서라 할 것이다.

1) 각색창작   각색의 방법은 크게 단순각색, 번안, 개작 등으로 나눌 수 있다. '단순각색'은 원전을 충실히 재현하는 것으로 특히 고전을 현대어로 번역하고 해석하는 것이 함께 이루어져야 한다. '번안'은 원전의 기본적인 주제의식은 살리되 인물의 행동이나 대사 등 일부 내용을 변형시

키는 것이다. '개작'은 원전에 모티프를 두고 있지만 전체적인 흐름만 비슷할 뿐, 시대적 배경이나 인물의 성격을 완전히 다르게 설정하여 스토리를 만드는 것이다. 얼마 전 인기를 끌었던 드라마 〈시크릿 가든〉이 원작인 『비밀의 화원(시크릿 가든)』의 모티프를 가져오면서도 전혀 다른 스토리로 만들어진 대표적인 사례이다. 대부분의 각색창작은 개작을 주로 활용하기 때문에 개작이 곧 각색창작으로 혼돈되는 경우가 많다.

각색을 할 때 주의할 점은 우선 원전을 제대로 해석해야 하고, 그 안에 담고 있는 주제나 모티프를 잘 살려 재해석해야 한다는 것이다. 미국 할리우드 영화의 경우에도 『헨젤과 그레텔』을 원작으로 하여 마녀사냥꾼으로 변신한 남매의 활약상으로 재탄생한 〈헨젤과 그레텔: 마녀사냥꾼〉, 『잭과 콩나무』를 원작으로 개작한 〈잭 더 자이언트 킬러〉 등은 원전을 살리면서도 새로운 시각으로 볼 수 있는 각색의 즐거움을 주고 있다. 이와 더불어 각색을 할 때 시대적 상황이나 소비자의 취향을 잘 살펴야 한다. 최근 미국에는 "좀비" 관련된 영화가 봇물처럼 쏟아지고 있다. 더불어 고전만화를 각색한 〈슈퍼맨〉, 〈배트맨〉, 〈스파이더맨〉 등의 히어로물 범람도 소비자 취향을 그대로 드러낸 것이다.

2) 순수창작　　　　　　순수창작은 창작자의 아이디어에서 시작된다. 많은 사람들에게 인기를 끌 만한 좋은 소재나 모티프를 찾기 위해서는 독서가 가장 좋은 방법이다. 책은 아이디어의 보고(寶庫)이며, 독서활동은 상상력, 창의력을 키우는 데 유용하기 때문이다. 이와 함께 신문읽기도 필요하

다. 신문을 통해 시대적인 흐름이나 소비자의 취향을 읽을 수 있고, 이에 부응하는 다양한 아이디어를 찾을 수 있기 때문이다. 영화 〈철가방 우수 씨〉는 2011년 9월에 중국집 배달을 해서 받는 월급 70만 원으로 어린이들에게 기부 활동을 하다 교통사고로 사망한 김우수 씨의 기사를 소재로 한 영화이다. 이 영화는 주연배우 최수종 씨를 비롯해서 다른 배우들의 재능기부로 제작되었다.

이러한 아이디어 찾기에서 시작해서 테마 선정, 자료 수집, 시놉시스 작성, 캐릭터 설정, 스토리 짜기의 과정을 통해 한 편의 이야기가 창작된다.

테마 선정 　　　　아이디어와 함께 이루어져야 하는 것이 테마 선정이다. 테마는 말 그대로 주제나 주요 방향을 의미한다. 자신이 가장 좋아하는 테마를 선정하는 것이 중요하다. 가령 친구 간의 우정을 그리고 싶다면 우정을 테마로 해서 스토리를 전개해 나가면 된다. 황순원의 『소나기』가 소년소녀의 우정을 담은 대표적인 이야기이다. 조앤 K. 롤링은 선악의 대결을 테마로 선정하고 장르를 판타지로 설정하여 상상의 세계로 이끈 "해리 포터"를 탄생시켰다. 시대적 상황이나 이야기 창작 트렌드를 따라가는 것도 좋지만 우선 자신이 좋아하는 테마를 선정하여 이야기를 전개해 가는 것이 바람직하다. 왜냐하면 자신이 좋아하는 테마는 그와 관련된 배경지식도 자료들도 준비되어 있거나 준비하기 편하기 때문이다. 단, 자신만 혼자 즐기려는 이야기가 되어서는 안 된다. 누구나 공감하고 고개를 끄덕여 줄 수 있는 테마를 선정하자.

자료 수집 　　　　아이디어나 테마가 선정되었다고 이야기가 쉽게 만들어지는 것은 아니다. 이야기가 진정한 이야기로 거듭나기 위해서는 그 이야기와 관련된 자료를 수집하는 일이 필요하다. 필자가 몇 해 전에 미국에서 만든 영화를 보다가 눈살을 찌푸린 적이 있었다. 그것은 한국을 배경으로 하는 장면에서 한국의 농촌풍경과 옷차림이 마치 베트남과 다를 것 없었기 때문이다. 아마 한국의 환경과 문화에 대한 자료 수집이 부족하지 않았나 생각된다. 아무리 좋은 이야기라 해도 자료 수집이 부족해서 실수를 하면 공감을 얻기가 쉽지 않다.

마찬가지로 이야기를 창작하기 위해서는 많은 자료 수집이 우선되어야 한다. 그래서 유명한 작가들은 글을 쓰기 전에 배경이 되는 장소를 일부러 찾아가거나 관련 서적이나 자료를 열람하거나 조사하는 일을 게을리 하지 않는다. 가령 〈고지전〉과 같은 6·25 전쟁 관련 영화스토리(시나리오)를 만들고자 한다면 1950-53년 한국전쟁 상황에 대한 역사적 지식뿐만 아니라 그 당시 입었던 군복, 무기, 옷차림, 음식 등에 대해 면밀히 조사해야 한다. 이를 위해서는 인터넷을 비롯해서 책, 논문, 그림, 사진, 인터뷰, 박물관이나 유적지 현장 답사 등을 참고해야 한다.

시놉시스 작성　　　　　　　아이디어와 테마가 선정되고 자료가 수집이 되면 우선 논술문 쓰기 전에 개요를 짜는 것과 마찬가지로 이야기의 설계도라 할 수 있는 시놉시스(synopsis: 작품 개요)를 만든다. 시놉시스에는 주제, 기획의도, 등장인물, 줄거리 등을 다음과 같이 간단히 정리하듯 기술한다.

1. 제목
2. 장르 갈래
 - 길이에 따라서: 꽁트, 단편, 중편, 장편
 - 서술자에 따라서: 1인칭 주인공 시점, 1인칭 관찰자 시점, 작가 관찰자 시점, 전지적 작가 시점
 - 내용에 따라서: 스릴러, 추리물, 학원물, 시대물, 역사물, 전기물, 판타지물, SF 등
3. 기획의도
4. 주제 테마
5. 배경
6. 등장인물
7. 줄거리
 발단 - 전개 - 위기 - 절정 - 결말

캐릭터 설정　　　　　　캐릭터란 여러 가지 함축적인 개성을 가진 창조물로, 사람들의 관심을 끌기 위해 만든 등장인물을 말한다. 여기서 말하는 등장인물은 반드시 인물만이 아닌 동물, 사물 모두 설정 가능하다. 영화 〈혹성탈출〉에는 침팬지가 등장인물로 설정되었다. 특히 애니메이션의 경우에는 더욱 그 폭이 넓어진다. 〈쿵푸팬더〉에서는 다양한 동물들이 등장인물이 되어 활약한다. 심지어 〈에이리언〉이나 〈스타트렉〉의 경우에는 외계인이 등장인물이 된다. 최근 종영한 SBS 드라마 〈별에서 온 그대〉도 외계인과 지구인의 사랑을 그린 작품이다. 이러한 캐릭터는 작가의 대리자가 되며, 관객들도 캐릭터를 자신과 동일시하거나 반대로 배척하면서 몰입하게 되므로 그 역할은 매우 중요하다. 특히 스토리상의 캐릭터는 오래오래 우리 기억 속에 남아 함께하기 때문에 캐릭터 선정은 두말할 것 없이 중요하다.

이러한 캐릭터는 크게 주인공, 조연(보조 캐릭터), 적대자, 단역(엑스트라)으로 구별된다.

우선 주인공은 이야기를 처음부터 끝까지 이끌어 가는 주요 인물로서 스토리에서 펼쳐지는 사건과 갈등을 해결해 가는 능동적 역할을 맡는다. 〈마당을 나온 암탉〉을 예로 들면 '잎싹'이 바로 주인공에 해당한다.

조연(보조 캐릭터)은 주인공 혹

은 적대자를 보조하는 인물로 비록 그들보다 작품 속의 비중은 크지 않지만 사건 전개에 반드시 필요한 존재이다. 〈마당을 나온 암탉〉에서의 '나그네'가 바로 조연이라 할 것이다.

적대자는 주인공과 적대 혹은 경쟁관계의 인물로 주인공의 목표나 사건해결을 힘들게 만드는 인물이다. 흔히 주인공의 적으로 나오는 경우가 대부분으로 적대자를 물리치는 것으로 스토리가 해결되는 경우가 많다. 〈마당을 나온 암탉〉에서는 '족제비'가 대표적인 적대자이다.

단역(엑스트라)은 이야기의 전개에 있어 비중이 가장 작고, 주요 인물들을 돋보이게 하거나 스토리의 흐름을 원활히 하며, 스토리의 사실성 부여와 스케일을 넓혀 주는 역할이다. 전쟁 관련 스토리에서 싸우다 죽어가는 병사들이 대표적인 단역이라고 생각하면 쉽게 이해될 것이다.

캐릭터를 선정할 때는 스토리에 적합한 인물이 되어야 하되 개성이 강한 캐릭터, 즉 틀에 박힌 인물보다는 새롭고 참신한 캐릭터인지를 고려해야 한다. 일상에서 쉽게 접할 수 있는 평범한 캐릭터가 아닌 약간 특이하고, 재미있고, 감정이입이 가능한 캐릭터라면 공감을 불러일으킬 것이다.

캐릭터가 선정되면 캐릭터 프로필을 작성해 본다. 이름, 외모, 성격, 습관, 작품 내에서의 역할과 내용 등의 순서로 작성하고, 사진이나 그림으로 나타낸다. 더불어 이러한 캐릭터의 관계를 도표나 그림으로 만들어 놓으면 한눈에 알 수 있어 스토리를 만들어갈 때 크게 도움이 된다. 다음은 MBC 인기드라마 〈마의〉의 캐릭터 프로필(주인공 백광현)과 캐릭터 관계도이다.

캐릭터 관계도

석구 ──양부(父)── 백광현 ──운명적인 사랑── 강지녕

백광현 ← 어릴 때 이름 여진, 거랑패시절에는 영달 (강지녕)

강도준 ──부(父)── 백광현

백광현 ←─ 적대관계 ─→ 이명환

강도준 ──친구── 장인주 ──친구── 이명환

이명환 ──부(父)── 이성하

고주만 (혜민서 제조)

이성하 ── 짝사랑

스승 (강도준 → 고주만)

정차식 박대망

윤태주 권석철

혜민서(惠民署)
조선시대 의약, 백성의 치료, 의녀의 교습을 담당했던 관청

전의감(典醫監)
조선시대 궁중에서 쓰는 의약의 공급과 임금이 하사하는 의약에 관한 일을 관장하였던 관서

왕실 사람들

18대 왕 현종 ──손아래 동생── 숙휘공주 (효종임금의 넷째 딸)

숙휘공주 ──며느리── 서은서

정성조 최형욱

내의원(內醫院)
왕실에 필요한 약의 조제와 왕실 사람들의 치료를 맡은 관청

스토리 창작　　　　　　캐릭터 선정이 끝나면 본격적으로 스토리를 만드는 작업에 들어간다. 하지만 대부분 이 과정에서 힘들어한다. 새로운 이야기를 만들어 내는 창조적 과정은 당연히 쉬운 일이 아니다. 여기서 유의해야 할 점은 스토리를 쓰다 보면 어디서 많이 본 듯한 이야기를 쓰고 있다는 사실이다. 기존의 스토리를 비슷하게 따라가고 있는 경우가 많은데, 필자도 가까스로 스토리를 만들어 주변 사람들에게 읽히면 어디서 많이 읽은 것 같다는 지적을 많이 받았다. 왜 이런 현상이 벌어지는 것일까? 물론 새로운 이야기를 창작한다는 것이 쉽지 않기 때문이기도 하지만 아이디어나 테마가 비슷하거나 사건, 갈등양상이 비슷한 경우에는 해결방식이 비슷할 수밖에 없기 때문이다. 우리나라 드라마의 경우, 너무 식상한 스토리 전개를 보이고 있어 처음부터 시청하지 않고 중간 부분부터 시청을 해도 대략 이야기가 어떻게

〈경민대학교 독서문화콘텐츠학과 권보영 학생 작품〉

· 인물구성: 민아, 보미, 선주
· 배경: 세 명의 추억이 묻어 있는 장소.
· 주제: 대화를 통해 서로를 이해하는 우정.
· 사건: 서로의 마음을 오해한 친구들의 감정싸움과 화해와 이해.
· 인물성격: 활발하고 약간은 이기적이지만 화끈한 성격의 민아.
　　　　　　대인관계가 원만하고 밝고 긍정적인 성격의 보미.
　　　　　　소심하고 섬세하며 타인의 감정을 먼저 살피는 성격의 선주.

- 발단: 동네에서 함께 자라고 성인이 되어서도 친하게 잘 지내는 민아, 보미,
  선주. 셋 사이에서 자신도 모르게 소외감을 느끼게 되는 선주는 민아와
  보미에게 서운한 감정이 나날이 쌓여간다. 어느 날 민아와 보미가 선주
  의 생일을 축하해 주기 위해 깜짝 파티를 준비하느라 선주 몰래 연락을
  하는데 선주는 이 사실을 모르고 자신을 소외시킨다고 느껴 크게 화를
  내게 된다.
- 전개: 민아, 보미, 선주는 선주의 생일을 축하해 주기 위해 동네 추억의 장소
  를 골라 만나기로 한다. 선주는 생일은 까맣게 잊은 채 자신이 느낀 소
  외감을 털어놓으려 한다. 서로의 마음을 모르고 만나게 된 셋. 깜짝 파
  티를 위해 소곤소곤거리는 민아와 보미를 보게 된 선아는 버럭 화를 내
  게 된다.
- 위기: 선주가 화를 내며 자리를 박차고 일어나 민아와 보미에게 쏘아댄다. 화
  를 내는 모습을 잘 보이지 않던 선주의 모습은 민아와 보미를 당황시킨
  다. 이유를 알지 못하는 민아와 보미는 선주를 진정시키지만 화가 많이
  난 선주는 두 명에게 그동안의 서운한 감정을 쏟아낸다. 준비한 이벤트
  의 시간은 다 되어 가는데 진행을 시킬 수 없는 민아와 보미는 초조해지
  기 시작한다.
- 절정: 선주가 화를 냄으로써 이벤트 시간은 넘어갔고 계획을 못 지킨 민아와
  보미도 화가 난다. 서로 감정싸움을 하고 일이 점점 커진다. 마침 도착
  한 케이크과 선물을 보며 민아와 보미는 더욱 화가 나고 선주에게 지금
  꼭 그런 말을 꺼내야 했냐며 화를 낸다. 셋은 서로를 이해하지 못하고
  각자의 입장만 내세우며 싸운다.
- 결말: 자신을 소외시키려는 의도가 아니었다는 걸 깨닫게 된 선주는 민아와
  보미에게 자신이 오해했다고 말한다. 민아와 보미도 자신들도 모르게
  선주에게 서운한 감정을 들게 해서 미안하다고 생각하며 말을 한다. 서
  로를 많이 생각하고 좋아하는 사이여서 그런 것일 거라고 대화를 나누
  며 못한 생일파티를 하며 따뜻한 시간을 보낸다. 이후 셋은 끈끈한 우정
  을 이어가며 추억을 쌓으며 지낸다.

시작되고 끝나게 될지 예측된다. 따라서 이런 맹점을 없애고 참신한 이야기를 만들기 위해서는 기존의 틀에서 조금씩 벗어나보려는 연습이 필요하다.

스토리를 전개해 가기 위해서는 '도입, 전개, 위기, 절정, 결말'의 단계로 구성하는 것이 바람직하다. 도입단계에서는 주요 인물이 소개되고, 사건이 벌어지는 시공간적 배경이 나타나야 하며, 사건의 원인이 제시되어야 한다. 전개와 위기단계에서는 사건이 서서히 드러나고 등장인물들 간의 갈등이 본격화되기 시작한다. 절정단계에서는 갈등이 최고조에 달하게 되고 사건해결이 시작되며, 결말단계에서는 갈등의 해소와 더불어 모든 사건이 종결되어 해피엔딩이나 비극적 결말 혹은 또 다른 이야기의 암시로 이야기를 마무리한다.

여기서 중요시해야 할 것이 사건과 갈등이다. 사건과 갈등은 스토리를 전개해 나가는 원동력이 된다. 또한 스토리를 접하는 관객들에게는 흥미와 재미, 스릴을 제공하므로 스토리 창작에 있어 가장 신경써야 할 요소이다. 스토리에서의 갈등은 흔히 자신과의 내적갈등, 개인 사이의 갈등, 사회나 국가와의 갈등, 자연 등 환경과의 갈등으로 구분할 수 있는데 선정한 아이디어나 테마에 맞게 갈등을 선택하여 적용하면 될 것이다.

한편 이러한 갈등들은 크게 주(主) 갈등과 부수적 갈등으로 나눌 수 있다. 주 갈등은 도입에서 결말까지 지속적으로 하나의 큰 흐름으로 이어지는 갈등을 말하며, 부수적 갈등은 적대자나 조연들의 또 다른 갈등으로 스토리에 흥미와 웃음, 생기를 불어넣어 주는 역할을 담당한다. 가령 권정생의 『몽실언니』에서 주 갈등은 주인공 몽실이와 어려운 환경과의 갈등이지만 몽실이 부모 간의 갈등, 친부와 양부와의 갈등 등이 부수적 갈등으로 스토리를 전개해 간다.

5. 스토리 성공의 다섯 가지 요소 ● ● ●

2012년 세계 흥행 1위를 기록한 영화는 무엇이었을까? 정답은 마블사의 〈어벤저스(Avengers)〉이다. 만화책 회사였던 마블이 영화사로 거듭나게 된 것은 텔링의 방법을 바꾸었기 때문이다. 이 회사가 갖고 있던 수많은 종류의 만화 이야기들이 이 회사를 성공시키는 가장 큰 요인이 되었다.

예를 들어 〈스파이더맨〉은 소니픽처스에서, 〈엑스맨〉은 20세기폭스에서 영화로 제작해 흥행에 성공했고, 마블은 거액의 개런티를 챙겼

Scramble-섞어라
1만 5,000개 만화책 속 히어로가 영화를 통해 뒤섞여 등장한다.

Transform-변형하라
과잉이다 싶은 정보는 버리고 필요한 스토리만 뽑아 쓰라.

Override-배우보다 캐릭터
흥행 공식에 캐릭터를 우선시하라. 배우는 그다지 중요치 않다.

Reality-현실적 영웅 이야기
캐릭터는 결점투성이로 그려라. '완벽한 영웅'은 이젠 없다.

Yourself-정체성 확신
자신의 브랜드에 믿음을 갖고 새로운 위험에 두려워하지 말라.

"마블社 CEO에게 듣는 '빅히트 영화 제작 5가지 비결'"(조선일보 2013. 11. 2 발췌 및 참고)

다. 만화책으로는 100% 활용되지 않았던 캐릭터라는 숨겨진 자산을 영화로 옮겨 가치를 극대화했기 때문이다. 텔링의 중요성이 입증되는 부분이다. 마블은 여기서 멈추지 않고 보유하고 있던 다양한 이야기들을 가지고 직접 제작에 참여, 2008년 〈아이언맨〉을 시작으로 최근까지 출시한 7편의 영화 수입을 합하면 50억 달러를 넘는다. 〈어벤저스〉는 한국에서만 700만 명, 〈아이언맨 3〉은 800만 명의 관객을 모았다. 이러한 마블을 디즈니사가 인수한 것은 지난 2009년, 디즈니를 발판으로 더욱 이야기 산업을 확장시키자는 의도였다는 것이다.

마블의 케빈 파이기 사장은 마블 영화의 흥행비결을 한마디로 스토리의 힘이라고 강조하면서 마블식 스토리텔링의 비결을 스토리(S·T·O·R·Y[scramble·transform·override·reality·yourself])라는 단어로 요약하여 설명하였다(조선일보 2013. 11. 2 발췌 및 참조).

콘텐츠를 섞고 연결하며(Scramble), 텔링에 맞게 변형하고(Transform), 배우보다 캐릭터를 우선시하고(Override), 결점이 많은 캐릭터를 만들어 사실성을 만들되(Reality), 스토리텔러 자신의 경험에 충실하라(Yourself)는 다섯 가지 원칙이다. 이러한 원칙은 꼭 마블의 영화에만 적용되는 것은 아니다. 하나의 이야기에서 또 다른 이야기를 접목시키기도 하고, 변형시키기도 하면서 살아 있는 이야기로 재창조할 수 있다는 것이다. '심청전', '춘향전'과 같이 오랜 세월 구전으로 전해져 내려온 이야기들은 시대와 장소에 따라 다양하게 변형되어 왔고 각각 생생한 이야기로 살아남았다. 이처럼 이야기는 하나의 이야기로서 그치는 것이 아니라 마치 살아 있는 생명체처럼 다른 이야기나 이야기의 등장인물들과 함께 호흡하고 살아 숨쉬는 것이다. 이러한 이야기의 특성을 잘 살려 창의적이고 훌륭한 우리만의 멋진 이야기를 만들게 되면 이것이 또 하나의 미래의 핵심 동력이 될 수 있을 것이다.

6. 스토리텔링의 무한한 가능성 ● ● ●

스토리텔링은 문화콘텐츠 산업의 중심으로 자리매김을 하고 있다. 문화콘텐츠 산업이란 창의력과 상상력을 바탕으로 만들어져 미디어나 매체를 통해 구현되고 경제적 가치를 창출하는 출판, 영화, 드라마, 음반, 게임, 애니메이션, 캐릭터와 같은 문화상품의 기획, 출판, 제작, 유통, 소비와 관련한 제반 서비스 산업으로, 아이디어 하나로 고부가가치를 얻을 수 있는 미래 산업을 이끄는 핵심코드로 부상하고 있다. 특히 90년대 말에 시작된 한류를 타고 한국의 문화콘텐츠 산업은 비약적인 발전을 보이고 있다. 문화체육관광부가 발간한 2012 콘텐츠 산업 통계를 보면, 콘텐츠 산업 수출 규모는 2011년 기준 43억2백만 달러로 전년 대비 34.9% 증가하였으며, 2008년부터 2011년까지 꾸준히 증가하고 있는 추세이며, 앞으로도 콘텐츠 산업의 수출 규모는 더욱 확대될 것으로 전망된다. 따라서 스토리텔링 또한 그 역할이 더욱 커질 것이라는 것은 쉽게 예측할 수 있다.

2008~2011년 기준 콘텐츠 산업 수출액

구 분	수출액(백만 달러)					
	2008년	2009년	2010년	2011년	전년 대비 증감률(%) (2010-2011년)	연평균 증감률(%) (2008-2011년)
출 판	260.0	250.8	357.9	283.4	-20.8	2.9
만 화	4.1	4.2	8.2	17.2	111.1	60.9
음 악	16.5	31.3	83.3	196.1	135.5	128.4
게 임	1,093.9	1,240.9	1,606.1	2,378.1	48.1	29.5
영 화	21.0	14.1	13.6	15.8	16.5	-9.0
애니메이션	80.6	89.7	96.8	115.9	19.7	12.9
방 송	171.3	184.6	184.7	222.4	20.4	9.1
광 고	14.2	93.2	75.6	102.2	35.3	93.0
캐릭터	228.3	236.5	276.3	392.3	42.0	19.8
지식정보	339.9	348.9	368.2	432.3	17.4	8.3
콘텐츠솔루션	107.7	114.7	118.5	146.3	23.4	10.7
합 계	2,337.6	2,608.7	3,189.1	4,302.0	34.9	22.5

'원 소스 멀티유즈(One Source Multi-Use)'의 스토리텔링은 다양한 분야에서 복합적으로 활용될 것이며, 가능성은 무한하다. 따라서 스토리텔링을 활용한 문화 콘텐츠를 개발하기 위해 스토리 창작에 아낌없는 관심과 지원이 필요하다.

7. 다양한 분야에서의 스토리텔링 활용 ● ● ●

스토리텔링이 갖는 무한한 가능성은 한 분야에만 국한되어 있는 것이 아니다. 출판, 영화, 연극, 애니메이션, 드라마 등은 이미 스토리텔링을 적극 활용하고 있으며, 비즈니스나 마케팅, 기업 홍보, 음식, 관광 등 다양한 문화콘텐츠에서 스토리텔링은 엄청난 고부가가치를 갖는 역할을 담당하게 될 것이다.

1) 기업에서의 스토리텔링 활용

기업들도 최근 기업의 이미지 재고, 마케팅 전략 등에 스토리텔링을 적극 활용하고 있다. 특히 스토리텔링이 현대 경영활동의 핵심 수단으로 뿌리를 내려서 마케팅은 물론, 기업 핵심 가치를 꾸며 경쟁력을 향상시키는 영역으로까지 확장되는 추세다. 진정성이 담겨 있는 스토리텔링 기법 및 경영관은 궁극적으로 비전기업을 만드는 데에 큰 몫을 한다.

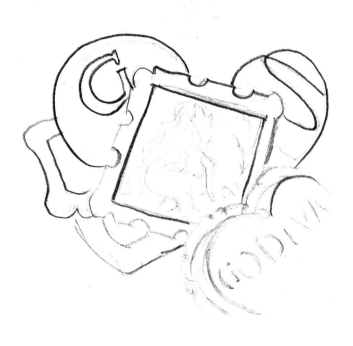

벨기에의 초콜릿 장인 조셉 드랍은 자신이 창업하는 수제품 초콜릿 회사의 이름을 어떻게 지을지 고심하고 있을 때 아내가 "고디바"라는 이름을 권했다고 한다. "고디바"는 중세 봉건제도 시절 코벤트리의 영주의 아내로서, 엄청난 세금 때문에 고통받고 괴로워하는 백성의 고통을 덜어 주기 위해 남편인 영주에게 세금을 줄여 달라는 요구를 하였고, 영주는 백성 앞에서 알몸으로 말을 타고 마을을 한 바퀴 돌아온다면 그렇게 하겠다고 장난기 어린 제의를 했다. 그녀는 주저 없이 남편의 요구대로 실행하여 백성의 고통을 덜어주었다.

드랍의 아내가 권한 "고디바" 초콜릿은 그 속에 들어 있는 이야기를 통해 날개 돋친 듯 팔려나갔고, 1966년 미국의 식품회사인 "캠벨"은 아예 드랍의 회사를 통째로 인수하여 뉴욕 중심가에 "고디바" 초콜릿 상점을 내고 "고디바"의 이야기가 들어 있는 초콜릿을 상류층 여성 고객들에게 어필하여 세계적인 회사로 성장할 수 있었다. 조셉 드랍의 "고디바" 초콜릿은 제품의 질과 더불어 그 안에 들어 있는 이야기까지 함께 담아내면서 더욱 큰 고부가가치를 얻을 수 있는 대표적인 사례이다.

2) 음식(요리)분야에서의 스토리텔링 활용

일본 작가 구리 료헤이가 쓴 『우동 한 그릇』은 우동이라는 음식에 스토리를 담아 낸 대표적인 작품이다. 가장인 아버지를 여의고 빚을 떠안게 된 어머니와 두 아들이 12월 31일에 '북해정'이라고 하는 우동집에 와서 우동 한 그릇만 시켜 먹게 되는 사연에서 가족의 사랑과 그 가족들을 따뜻하게 지켜보는 북해정 주인 부부의 배려가 잘 어우러져 독자들에게 잔잔한 감동을 주며, 책속에서도 북해정이라는 식당이 많은 사람들에게 알려져 찾게 된다는 전형적인 음식 스토리텔링의 형태이다.

우리나라의 음식에도 다양한 이야기들이 담겨 있다. 이러한 이야기들을 잘 활용한다면 우리 음식을 세계에 널리 알릴 수 있는 계기가 될 수 있을 것이다. 예를 들어, 청어나 꽁치를 말린 음식인 "과메기"와 관련해서 다음과 같은 이야기가 전해진다.

옛날, 동해안에 한 선비가 살았습니다. 어느 해 겨울에 그 선비는 한양으로 과거 시험을 보러 가기 위해 집을 떠나 바닷가를 걷고 있었습니다. 그런데 가도 가도 사람 사는 집이 나타나지 않았습니다. 선비는 끼니를 해결하지 못해 너무나 배가 고팠습니다.

그렇게 주린 배를 부여잡고 지친 발걸음을 옮기고 있는데 바닷가 언덕에서 무언가가 보였습니다. 그것은 나뭇가지에 눈이 꿰인 채 얼어서 말라 있는 생선이었습니다. 선비는 배가 고프던 차라 체면이고 뭐고 다 내팽개치고 마른 생선을 찢어 입 안에 넣었습니다. 생선은 씹으면 씹을수록 맛이 좋았습니다.

선비는 과거 시험을 치른 뒤 다시 고향으로 돌아왔습니다. 그리고 겨울마다 생선을 밖에 내다 말려 먹었다고 합니다.

『밥 힘으로 살아온 우리 민족(아이세움, 2002)』

"과메기"라는 말의 유래도 재미있다. 과메기를 한자로는 '관목(貫目)'이라 하는데 관목이란 '눈을 꿰다'라는 뜻이다. 청어를 여러 마리 짚으로 엮을 때 청어의 두 눈을 제거하면 곧장 짚으로 꿸 수 있었기에 눈을 꿴다고 한 것이고 그것이 이름이 되었다는 것이다. 그후 '관목'이란 한자어가 한자를 잘 모르는 일반 백성들 입에서 '관목'이 '관맥이' 하면서 오르내리다 "과메기"라는 우리말이 되었다고 한다.

3) 관광분야에서의 스토리텔링 활용

최근 충북 충주시는 중원문화의 고장, 살고 싶고 찾고 싶은 충주의 관광 홍보를 위해 스토리텔링 여행책자를 제작한다고 밝혔다. 충주시에 따르면 이 책자는 충주의 문화, 관광, 역사, 인물, 설화를 바탕으로 지역명소를 소개해 관광객들의 호기심을 유발하며 함께 하고픈 이야기형으로 꾸며지게 되며, 여행전문가들이 오랜 시간 고민한 충주의 다양한 관광코스를 관광객들이 쉽게 따라갈 수 있도록 만들어진다. 아울러 충주시 전역의 관광자원을 기반으로 관광코스를 개발하고, 충주의 아름다운 이미지와 그에 맞는 스토리를 여행서에 담아 책을 읽는 모든 이들이 만족하며 충주를 찾을 수 있도록 구성하게 된다. 이처럼 각 지방에서 지역을 알리고 관광객을 끌어모으기 위해 스토리텔링을 적극 활용하는 추세를 보이고 있다.

울산에서는 스토리텔링 블로거를 모집하여 보다 적극적으로 울산 지역 홍보에 인터넷과 스토리텔링을 활용하고 있다. 이들 블로거들은 울산 지역을 찾아다니며 이야기를 발굴하고, 이를 소재로 관광 유치에 앞장선다는 것이다.

싱가폴을 다녀온 사람이면 누구나 멀라이언파크에 다녀왔을 것이다. 멀라이언파크는 새벽부터 관광객들이 찾는 싱가폴의 아주 중요한 명소로 여기에는 멀라이언상이 있다. 사자의 얼굴에 인어의 몸 형태를 결합한 멀라이언상에는 다음과 같은 이야기들이 숨어 있다.

1. 인도네시아의 한 왕자가 지금의 싱가폴을 발견했고 그 왕자가 사냥을 나갔는데 머리는 사자이고 몸은 인어 모양을 한 기이한 동물을 잡았다는 이야기. 왕자는 이를 길조로 여겨 그 지역을 '사자(singa), 도시(pura)'라는 뜻의 '싱가푸라'로 이름 짓고 그곳에 정착했다고 한다.

2. 아주 오래전에 엄청난 폭풍이 일어 싱가폴을 덮치게 되었는데 이때 반은 물고기고 반은 사자인 거대한 바다 짐승이 화려한 바다 생물들의 무지개 빛 통로를 통하

여 바다로부터 나왔다. 이 바다 짐승이 거대한 으르렁 소리를 내면서, 자연의 힘에 대항하여 싸우게 되자, 바람은 서서히 사나움을 잃었고 폭풍은 수그러들었다. 이 짐승은 꼬리를 치면서 바다로 되돌아갔다고 한다. 이 짐승이 바로 싱가폴을 상징하고 있는 멀라이언이다.

4) 한류를 이끌어갈 스토리텔링

문화방송이 지난 2013년 10월 18일 '문화콘텐츠가 창조경제를 이끈다(K-culture, Driving the Future)'라는 주제로 "글로벌 문화콘텐츠 포럼 2013"을 개최했다. 이 포럼에서는 〈대장금〉 방송 10주년을 맞아 〈대장금〉이 한류에 미친 영향력과 기여도를 살펴보고, 이로써 촉발된 한국 문화콘텐츠 산업을 돌아보고, 창조경제 시대에 지속가능한 글로벌 문화콘텐츠 생산 방안도 모색했다.

10년 전 드라마 〈대장금〉으로 촉발된 한류의 경제적 가치가 94조 원에 달한다고 조사되었다. 전 세계 90여 개 나라에 방영되면서 한류의 견인차 역할을 해온 〈대장금〉의 수출·광고 수익은 380억 원, 2차 콘텐츠의 생산유발 효과는 1,120억 원에 달했고, 〈대장금〉으로 촉발된 한류는 드라마와 K-POP·게임으로 확산되면서 그 자산 가치가 94조 7천억 원에 달한 것으로 조사됐다. 드라마로 텔링된 스토리 한 편이 이와 같이 엄청난 영향력을 갖고 있다는 사실이 입증한 셈이다.

최근 인기리에 방영되었던 SBS 드라마 〈별에서 온 그대〉는 중국 등 여러 나라에서 주인공 김수현, 전지현 신드롬을 앓고 있고, 그들이 입은 옷과 장신구, 심지어 그들이 드라마에서 즐겨먹은 음식까지도 엄청난 소비로 연결되고 있다는 것이다. 나아가 이들이 등장한 촬영장소는 관광의 필수코스로 떠올

랐다고 한다.

　지하자원이 부족한 우리나라는 보다 창의적인 문화콘텐츠의 개발과 축적
에 승부를 걸어야 한다. 모처럼 시작된 한류 열풍을 더욱 확장시키는 데에도
스토리텔링의 역할은 그 무엇보다 중요하다 할 것이다.

　5) 성공을 위한 스토리텔링　　　　　　　미국 UCLA에서 40여 년
간 스토리텔링을 강의한 피터 구버는 최근 국내 번역된 『성공하는 사람은 스
토리로 말한다(원제: Tell to Win)』에서 "스토리텔링은 모든 커뮤니케이션의 성공
법칙"이라고 강조한다. "이번 달 매출액은 100억 원이다. 다음 달에는 10%
더 끌어 올리겠다."는 딱딱한 정보보다는 상대의 마음을 움직일 수 있는 이야
기가 중요하다는 것이다.

　1992년 민주당 대통령 후보 경선에 뛰어든 빌 클린턴의 예가 대표적이다.
클린턴은 당시 베트남전 징집 회피와 성추문 문제가 불거지면서 큰 타격을
받았다. 절박한 상황에 부닥친 클린턴이었지만 장황하게 이야기를 펼치지
않았다. 다만 영화 〈하이눈〉 이야기만 했다. 서부영화의 고전인 〈하이눈〉은
악당과 맞선 게리 쿠퍼의 활약을 담았다. 마을 사람 모두 쿠퍼를 외면한 가운
데 한 소년만이 쿠퍼를 돕겠다고 나선다는 스토리이다. 결국 클린턴은 명확
한 메시지를 담은 이야기를 잘 전한 덕분에 원하던 지원을 얻게 된다.

　감동을 담은 이야기는 사람의 마음을 움직인다　　　　　이처럼
스토리텔링은 다양한 분야에서 적극적으로 활용되고 있고, 활용 가능성 또한

무궁무진하다. 이야기를 발굴하는 것도 중요하며, 그 이야기를 어떻게 텔링할 것인가에 따라서 그 가치는 더욱 부가될 수 있다. 스토리텔링의 무한한 가능성은 누구에게나 열려 있는 미래 산업의 보고(寶庫)이다.

P.A.R.T
02

스토리텔링을
활용한 독서교육

1. 독서교육이란? ● ● ●

독서라는 행위는 인간에게 있어 지식과 정보를 제공해 주고, 교양을 높여 주며, 취미와 오락의 기회를 제공해 주는 역할을 한다. 그러므로 독서는 인간 생활에 있어서 자기 발전을 위해 사용할 수 있는 가장 적절한 도구이다. 따라서 독서의 질과 양은 곧 자기 발전의 정도를 가늠해 주는 척도라고 생각할 수 있다. 이러한 독서 행위와 관련한 제반 교육활동이 바로 독서교육이다. 독서교육을 통해 읽기, 말하기, 듣기, 쓰기와 같은 기초학습능력뿐만 아니라 많은 지식과 정보를 축적하게 되고 그것을 제대로 활용할 수 있는 지혜가 성장하게 된다. 아울러 자기주도적인 학습능력이 성장하게 되고, 창의력 발달, 올바른 가치관이 형성되도록 도와주는 것이 독서교육이다.

이를 위해서는 올바른 독서방법, 양서의 선택, 독서토의와 토론, 다양한 글쓰기 등의 체계적인 독서교육이 이루어져야 하며, 이와 함께 국어과를 비롯한 각 교과교육과 재량활동 및 특별활동에 독서교육을 적극 활용하여 보다 깊고 심화된 사고영역으로 이끌어가야 한다.

1) 독서를 거치지 않고는 그 무엇도 이룰 수 없다

독서를 좁은 의미로 이해하면 책을 읽는다는 것이다. 하지만 넓은 의미로 보면 글로 된 모든 텍스트를 사고하면서 읽어내어 텍스트에 담긴 의미를 자신의 것으로 만들어가는 과정이라 할 것이다. 여기서 텍스트란 책을 포함해서 문자화된 모든 매체를 총칭한다. 따라서 독서를 다시 한 번 정의하면 텍스트를 읽어가면서 텍스트에 담긴 의미를 찾아 이해하고, 자신의 것으로 만들어가는 활동이라고 하겠다.

『양철북』의 작가 귄터 그라스는 인터뷰 기사에서 '현대사회에서 문학의 의미와 역할은 무엇인가?'라는 기자의 질문에 다음과 같은 답을 하였다.

> 독서를 대체할 수 있는 활동은 아무것도 없다. 그림이나 활동사진을 받아들이는 것이 이를 대체할 수 있을 것 같지만 그렇지 않다. 독서는 적극적으로 참여를 유도하고 상상력을 개입시키는 행위이다. 단순한 유흥이 아니라 노동을 요구하는 일이다. 청소년기에 이런 노동을 거치지 않으면 그 무엇도 이룰 수가 없다.

『양철북』 저자 프로필

귄터 그라스 (Gunter Wilhelm Grass)
출생: 1927년 10월 26일
출신지: 폴란드
직업: 소설가
학력: 뒤셀도르프대학교
경력: 1954년 문학동인 47그룹 가입
1959년 게오르그 뷔히너 상, 폰타네 상, 테오도르 호이스 상 수상
1960년~1992년 독일사민당 입당
1999년 노벨문학상 수상

귄터 그라스가 한 말이 독서가 갖는 의미를 잘 설명해 주고 있다고 하겠다.

2) 독서는 언제부터?　　　　　　　　　글자를 알아야만 독서를 시작할
수 있다고 생각하는 사람들이 생각보다 많다. 따라서 7세 이후부터 독서습
관을 키우는 것을 당연한 것으로 여기고 있는데 이것은 잘못된 생각이다. 영
국의 경우, 아기가 태어나면 책으로 된 장난감을 선물한다. 이것을 "북스타트
운동"이라고 하는데 1992년 영국에서 처음 시작되었다. 버밍햄 지역의 시범
실시 결과, 어려서부터 책과 친해진 아기들은 그렇지 않은 다른 지역 아기들
에 비해 책을 좋아하는 어린이와 청소년으로, 종국에는 책 읽는 어른으로 성
장했다고 한다. 또한 그림책, 소리책, 이야기책을 가까이하고 이야기를 들려
주는 부모 밑에서 자란 아이들은 초등학교 학습성취도도 높은 것으로 나타났
다. 현재 이 운동은 영국 전역으로 확대되어 실시되고 있다.
　이렇듯 독서는 사람이 태어나면서부터 시작되어야 하며 아동이 학동기에
들어가기 전에는 부모가 책을 읽어 주고 교감을 나누는 것이 좋다. 특히 뇌
활동 연구에 따르면 보통 아기가 태어나 8개월에서 1년이 될 때쯤에는 대부
분의 뇌세포가 형성된다고 하며, 1살 이후에는 뇌세포 간의 신경이 본격적으
로 연결된다고 한다. 이때 이러한 신경을 연결해 주는 역할을 독서가 담당한
다는 연구결과가 나와 있다. 물론 아기가 책을 읽을 수 없으므로 부모가 이때
책을 읽어 주면 아기는 적극적이고 능동적인 사고활동과 뇌활동을 통해 이런
신경세포의 연결이 본격화된다는 것이다.

3) 책벌레가 공부벌레 된다

공부 잘하는 사람들의 가장 공통된 특징이 책을 좋아한다는 것이다. 나폴레옹, 링컨, 에디슨, 칸트, 존 스튜어트 밀, 빌게이츠, 정약용, 안창호, 안중근 등 셀 수 없이 많은 동서양의 위인들과 석학들을 보면 하나같이 책벌레였다. 독서는 인간이 갖고 태어나는 기초학습능력을 갈고 닦아 주기 때문에 독서를 통한 잘 단련된 기초학습능력을 통해 점차 심화되어 가는 교과학습을 쉽게 소화할 수 있기에 독서를 잘하게 되면 공부도 잘하게 되는 것이다.

책을 읽는 모든 사람이 위대한 사람이 될 수는 없다. 하지만 위대한 사람의 공통된 특징은 독서를 즐겨했다는 사실이다.

4) 독서의 선순환

독서를 잘하기 위해서는 독서를 해야 한다. 마치 자전거를 잘 타기 위해서는 계속해서 자전거를 타야 하듯이 읽기능력을 향상시키기 위해서는 독서를 지속적으로 해나가는 것이 가장 좋은 솔루션인 것이다. 책읽기를 즐겨하는 사람이 계속해서 책을 읽어나가고 그럼으로써 풍부한 배경지식이 생기고, 그 배경지식을 밑바탕으로 하여 좀 더 발전되고 향상된 책읽기로 진행되기 때문에 책을 좋아하는 아이들은 계속해서 더 높은 단계로 지속적인 책읽기를 하게 된다. 이를 "독서의 선순환"이라고 한다.

빌게이츠

나를 키운 것은
동네 도서관이었다.

반대로 책을 읽는 습관이 형성되어 있지 않으면 책을 읽지 않으니 당연히 배경지식이 쌓일 리가 없고, 그런 배경지식이 없는 상황에서 더 나은 읽기능력으로 옮겨갈 수 없게 된다. 이것은 교과학습에도 영향을 미친다. 책을 싫어하는 아이들은 배경지식이 없으므로 교과학습에서 주어지는 정보나 지식을 제대로 자신의 것으로 받아들이기 어렵고, 시간이 흐르면 흐를수록 책을 읽어 읽기능력을 갈고 닦은 아이들과의 차이는 엄청난 결과로 나타나게 되는 것이다. 이것이 책벌레가 공부벌레가 된다는 것을 잘 설명해 주는 사실이다.

5) 인지심리학과 독서

인지심리학에서도 이런 사실을 잘 증명하고 있다. 인지심리학의 범위에는 사람이 어떤 대상을 인지하는 데 있어서의 제반인식행위를 관찰하고, 이에 반복되는 행위나 인과관계를 연구하는 학문으로 공부를 한다는 것, 책을 읽고 그것을 인지하는 것 등도 범위에 들어간다. 사람은 책을 읽음으로써 그 책이 주는 주제나 내용, 지식 등을 사람은 인지하게 된다. 사람이 책을 읽는 행위를 통해서 어떻게 그 책 속에 들어 있는 내용을 인지하고, 그것을 기억창고에 저장하고, 때때로 그 기억된 인지내용을 꺼내 쓸 수 있는지에 대한 궁금증을 해결하는 것이 바로 인지심리학자들의 몫이다.

인지가 시작되기 위해서는 정보나 자료가 입력되어야 하는데 그 입력단계가 읽기능력과 관계가 있다. 읽기능력을 통해서 얻어진 정보나 자료가 인지과정으로 연결되게 되는 것이다. 한 가지 재미있는 사실은 사람마다 인지과정을 거쳐 자신의 기억으로 저장하는 인지의 양이 각각 다르다는 점이다. 인간의 기억창고는 두 가지가 있는데 첫째가 단기기억창고이고, 둘째가 장기기억창고이다. 단기기억은 말 그대로 인지한 내용이 단기간에 기억되고 쉽게 잊히는 기억을 말한다. 가령 조금 전에 떠올렸던 전화번호나 사람 이름이 시간이 얼마 지나지 않아 잊게 되는 경우이다. 따라서 단기기억은 용량 면에서도 매우 제한적이다. 반면 장기기억은 한 번 기억된 인지내용은 장기간 기억되며 용량 면에서 무제한이다. 따라서 단기기억에 들어온 인지내용을 **빠른** 시간 내에 장기기억으로 이동시켜 저장시키는 사람이 인지내용을 많이 저장할 수 있다는 말이 된다.

단기기억에 있는 내용을 장기기억으로 저장해 주는 그 무엇인가가 존재하는데 그것이 바로 능동기억 혹은 작업 기억이다. 즉 능동기억의 역할을 잘 활용하면 얻어진 학습내용이나 인지내용을 신속하게 장기기억으로 저장시켜 자신의 지식으로 만들어가게 된다. 공부를 잘하거나 우등생인 사람들은 바로 이 능동기억을 잘 활용하고 있는 것이다. 이 능동기억을 잘 활용하는 방법에 대해서 많은 인지심리학자들 뿐만 아니라 모든 이들의 관심이 되고 있다.

2. 스토리텔링을 활용한 독서교육의 유형 ● ● ●

스토리텔링을 활용한 독서교육은 크게 "스토리 창작을 활용한 독서교육"과 "창작되어진 스토리를 활용한 독서교육"으로 나눌 수 있다. 우선 스토리 창작을 활용한 독서교육의 목적은 피교육자가 실제로 스토리를 창작하는 데 참여하도록 하면서 얻어지는 교육적 결과를 얻고자 하는 데 있다. 따라서 스토리를 창작함에 있어 다양한 사고력과 창의력이 함양됨은 물론, 결과에 따른 보람과 보상을 통해 성취감을 맛볼 수 있게 한다. 창작된 스토리를 활용한 독서교육은 기존의 독서교육과 크게 다를 바 없다. 창작되어진 텍스트를 읽고, 토론하거나 다양한 독후활동을 통해 텍스트의 내용과 주제 등을 독자에게 각인시켜 주는 교육활동이다. 물론 스토리뿐만 아니라 스토리 형식이 아닌 다양한 비문학 텍스트도 독서교육의 대상이지만 여기서는 이야기 텍스트로 한정하여 논의하기로 한다.

1) 스토리 창작을 활용한 독서교육 스토리 창작을 통
해 이루어지는 독서교육은 매우 다양하다. 다시 쓰기, 뒷이야기 상상하여 쓰
기, 고전을 각색하기, 여러 이야기를 섞어보기, 동시·동요를 활용한 스토리
만들기, 신문기사를 활용한 스토리 만들기, 자기소개 스토리 만들기, 대중교
통 경험 스토리 만들기, 일기나 생활문을 스토리로 만들기, 시놉시스(작품개요:
주제, 기획의도, 등장인물, 줄거리 등) 만들기, 이야기 모양 만들기, 좋아하는 연예인을
활용한 캐릭터 설정하기(등장인물: 주인공, 조연, 적대자, 단역), 책에서 등장인물 찾아
인물분석하기(백설공주 등), 스토리 구성(발단, 전개, 위기, 절정, 결말) 등 많은 활동들을
포함하고 있다. 이 중에서 중요한 몇 가지 활동을 살펴보자.

다시 쓰기 『백설공주』와 같은 고전명작동화를 읽고, 중
요한 내용을 간추려 짧은 이야기로 만들어 보는 것이다. 여기서 주의해야 할
점은 줄거리를 요약하는 개념이 아니라 자신의 배경지식, 어휘, 이름, 명칭
등을 활용하여 내용을 더 확장시켜 보게 하여 스토리를 처음 써보는 초보자
들에게 그 느낌을 알게 해 주는 데 의미가 있다는 점이다. 논술시험을 위해
모범답안을 답안지에 그대로 옮겨 적는 활동과도 비슷하다할 것이다.

뒷이야기 상상하여 쓰기 다시쓰기와 마찬가지로 스토
리를 처음 써보는 초보자들에게 쉽게 스토리 창작에 접근할 수 있게 하는 활
동이다. 책을 읽은 후 그 책의 뒷이야기를 상상해서 써보게 하는 것이므로 이
미 원작자가 만들어놓은 틀 위에 자신의 상상력을 가미하여 새로운 이야기
를 만들어 내는 것으로 글쓰기의 재미와 더불어 상상력을 불어넣는 장점이

「톰 아저씨의 오두막집」 뒷이야기

톰이 죽은 후, 조지는 노예들 모두에게 자유를 주었다. 그 사건이 널리 알려져서 많은 사람들이 알게 되었다. 그래서 많은 흑인들이 리그리와 같이 흑인을 학대하는 사람들과 싸우게 되었다. 그런데 그 싸움이 점점 커져서 전쟁이 일어나게 되었다. 흑인들은 자신들이 원래 가지고 있던 기술력으로 전쟁에서 앞서게 되었다. 반면 백인들은 노예인 흑인 없이는 할 줄 아는 일이 없어서 거꾸로 흑인들에게 당했다. 결국 흑인들은 그 전쟁에서 승리하였다.

그 후 백인이 아닌 흑인이 주인이 되어서 백인들을 노예로 다스리게 되었다. 흑인들은 점점 부유해졌고, 백인들을 흑인들에게 괴롭힘과 차별을 당하고 살았다. 몇몇 흑인들은 자신이 예전에 노예로 살았을 때의 아픈 기억 때문에 백인을 고문하거나 힘들게 하였다. 흑인들은 자신을 자유롭게 해준 조지를 감사하였다. 그 시점에서 조지는 흑인들에게 대우를 받아서 힘들지 않게 살아갔다. 하지만 조지는 이런 것을 원하지 않았다.

조지는 흑인들에게 백인을 풀어 주고 평등하게 살라고 명령을 내렸다. 그래서 흑인들은 조지의 말을 듣기로 하고 그 이후에는 모두가 평등해졌다. 그런데 흑인들은 아직 백인을 차별한다. 흑인들은 백인이 자신과 같은 급이라고 하여서 화가 난다. 그래서 조지는 흑인과 백인은 같다며 둘의 공통점을 말한다. '둘 다 노예였다. 둘 다 감정이 있다. 둘 다 사람이다' 등의 공통점을 들어 서로가 한 가족이라는 사실을 알린다. 처음엔 백인들만 조지의 편에 섰는데, 나중에는 점점 조지의 편에 서는 흑인이 많아지더니 나중에 대부분의 흑인이 조지의 편에 서서 평등을 주장한다. 그 후 흑인과 백인은 평등을 위해 서로 한발 물러나서 양보하며 평등해진다

있다. "「톰 아저씨의 오두막집」 뒷이야기"는 중학교 1학년 조윤영 학생이 『톰 아저씨의 오두막집』을 읽고 그 뒷이야기를 상상해서 작성한 글이다.

고전을 각색하기　　　　　동, 서양을 막론하고 고전은 이야기 각색의 보고(寶庫)라 해도 과언이 아니다. 우리나라의『홍길동전』,『춘향전』,『배비장전』등의 고전뿐만 아니라『인어공주』,『신데렐라』,『헨젤과 그레텔』,『라푼젤』,『레미제라블』,『걸리버 여행기』등 서양고전을 기본으로 하여 새로운 이야기로 만들어보는 활동이다. 고전을 다시 읽어보게 하는 장점과 더불어 이를 재해석하면서 얻어지는 창의력은 글 쓰는 이들에게 큰 성취감을

심청전 각색 스토리

황해도 도화동에 심학규라는 장님이 살고 있었는데, 그는 늦은 나이에 젊은 딸을 얻었으나 부인이 바람이 나 젊은 뱃사람 남자와 눈이 맞아 도망을 가서 온갖 고생을 하면서도 부인을 잊지 못한 채 홀로 딸 청이를 기른다. 청이는 자라면서 미모도 빼어나고 효성도 지극하여 장님인 아버지를 지극 정성으로 공경한다.

그러던 어느 날, 심 봉사는 저녁 늦도록 돌아오지 않는 청이를 찾아 길을 나섰다가 물에 빠지는 사고를 당한다. 이때 자신을 구해 준 승려로부터 공양미 삼백 석을 시주하면 눈을 뜨게 된다는 말을 듣고 앞뒤 생각 없이 덜컥 시주하겠다는 약속을 해 버린다. 뒤늦게 자신이 저지른 일을 후회하며 근심하는 아버지를 위해, 청이는 용왕 신에게 제물로 바칠 처녀를 사러 다니는 뱃사람들에게 공양미 삼백 석을 받고 자신을 판다.

인당수에 제물로 바쳐지기로 했던 날 청이를 본 배의 선장은 유부남이었지만 청이의 아름다운 미모에 한눈에 사랑에 빠져 제물이 될 다른 처녀를 급히 구해 제사를 지낸 뒤 청이를 집으로 데리고 갔다. 그러면서 자신의 부인에게는 집안일을 할 가정부라며 소개를 해.

아무것도 모르는 청이는 그 집에서 집안일을 도우며 지냈는데 그러던 어느 날 옷을 정리하던 서랍에서 아빠가 주신 반지와 똑같은 반지를 발견하였고 그 배의 원장의 부인이 자신의 어머니라는 사실을 알게 되는데……. 큰 충격에 빠진 청이는 홀로 자신을 키워 온 아버지를 위해 어머니와 그 선장에 대한 복수의 칼날을 갈았다.

다음 날부터 청이는 선장을 유혹하기 시작하였고 이미 청이에게 반한 선장은 부인을 쫓아냈다. 그렇게 청이는 선장과 위장 결혼생활을 하며 선장의 재산을 조금씩 빼돌렸다. 그러던 중 아무것도 모르는 선장은 청이를 너무 사랑해 자신의 재산 모두를 청이에게 양도하였고 청이는 그의 재산을 모두 챙긴 뒤 배를 타러나갔다 파도에 휩쓸려가 죽었다는 소식을 듣고는 바로 자신의 아버지에게 돌아갔는데 아버지 옆에 자신의 어머니가 서 있었다. 선장에게 쫓겨난 뒤 자신이 과거에 잘못했던 일들이 생각 나 잘못한 것을 뉘우치며 원래의 자리로 돌아온 것이었다. 이에 심청이도 잘못하였다 어머니에게 용서를 구하고 선장에게서 가져온 돈으로 공양미 삼백 석을 지불하고 아버지의 눈을 뜨게 한 뒤 행복하게 살았다.

맛보게 한다. "심청전 각색 스토리"는 필자가 지도하는 대학교 학생이 쓴 작품이다.

여러 이야기를 섞어 써보기   3~4권의 책을 읽게 한 후
이 책의 주인공들을 서로 만나게 해서 새로운 이야기를 만들어가게 하는 활동

이다. 가령 『톰소여의 모험』, 『플랜더스의 개』, 『밤티마을 큰돌이네 집』을 읽었다면 주인공 톰소여, 네로, 큰돌이가 서로 만나 모험을 떠나거나 주제에 맞는 새로운 사건과 갈등을 부여하여 풀어가게 하도록 한다면 또 다른 이야기가 창작될 수 있다. 〈어벤저스〉라는 영화도 이런 아이디어에서 만들어졌다.

동시·동요를 활용한 스토리 만들기   우리의 자녀들에게 순수한 정서를 제공하는 동시, 동요를 알게 하고 이를 활용하여 스토리를 만들어가는 활동으로 매우 중요한 독서교육의 하나라고 강조하고 싶다. 우선 동시나 동요를 낭독 혹은 감상토록 한 후, 간단히 내용에 대해 토의, 토론하고 나서 그 느낌을 이야기 형태로 만들게 하는 것이다. 이러한 활동은 이야기 독서만이 아닌 시와 음악이라는 분야를 접해볼 수 있도록 하는 교육적 의미도 내포되어 있다. "동요-꼬부랑 할머니를 듣고 만든 스토리"는 필자가 지도하는 대학교 학생의 작품이다.

저기 산골짜기 열두 고개를 꼬불꼬불 넘어가면 마을엔 허리가 꼬불꼬불 꼬부러진 꼬부랑 할머니가 살고 있지요.

꼬부랑 할머니는 나이가 아주 많아서 눈도 잘 안 보이고 냄새도 킁킁 잘 맡지 못해서 할머니는 오랜 시간 오며가며 익혀진 텃밭에 한 번 가서 고추랑 상추랑 따고

수압이 낮아 쫄쫄 시냇물처럼 흐르는 수돗물에 쪼글쪼글 주름이 깊게 페인 손으로 쓱쓱 흙을 씻어내고 밥 한 그릇 꾹꾹 눌러 담고, 자식들이 다 시집 장가갔어도 마지막까지 할머니의 오랜 친구인 똘이에게 밥 한술 퍽 떠주고

"꼬부랑 할머니가 꼬부랑꼬부랑"

흥얼흥얼 콧노래를 하지요.

똘이도 장단 맞춰

"왕왕 멍멍"

합니다.

"어머니 저희 왔어요."

"할머니 나 왔어."

"아이고 내 새끼들 고생했지. 예까지 뭐하러 왔누. 고되게."

할머니는 저기 옆 마을 가서 엿도 팔고 읍내에서 길가 잡풀도 뽑고 해서 모은 꼬깃꼬깃한 천 원짜리를 꺼내 눈에 넣어도 안 아플 손자들에게 쥐어 줍니다.

"왕왕 멍멍"

소리에 할머니는 화들짝 잠에서 깨어나 얼른 눈에 묻은 눈곱을 떼고

"아이고 허리야"

꼬불꼬불 구부러진 허리를 두드리며

오늘도 꼬불꼬불 열두 번이나 구부러진 고개를 넘어 이웃마을에 엿을 팔러 가셨지요.

신문기사를 활용한 스토리 만들기 　　　　신문기사는 실제 일어난 사람들의 이야기라 해도 과언은 아닐 것이다. 따라서 신문기사는 풍부한 이야기를 담고 있다. 물론 스토리 창작은 있는 이야기를 활용해도 무방하지만 앞서 창작과정에서 살펴보았듯이 탄탄한 이야기로 만들어 가기 위해서는 등장인물, 사건, 갈등, 올바른 해결방법 등이 갖추어지도록 해야 한다. 아이들과 신문을 읽은 후에 스크랩한 기사를 활용하여 스토리를 창작토록 한다면 시사적인 지식을 알게 하는 목적 이외에도 창작에 따른 다양한 능력이 함

께 성장할 것이다. 앞서 살펴본 영화 〈철가방 우수 씨〉의 이야기도 신문기사를 활용하여 만들어낸 대표적인 작품의 예이다.

자기소개 스토리 만들기   자신의 겪은 경험만큼 좋은 스토리감은 없을 것이다. 자신의 경험이 곧 이야기이기 때문이다. 자서전을 만드는 것도 좋은 스토리 창작의 방법이 된다. 여기서는 간단히 자기를 소개하는 내용을 스토리 형태로 만들어 보는 활동으로 국한하기로 한다. 출생, 학교시절, 잘하는 것, 앞으로의 각오를 한 편의 스토리로 엮어 만들어 본다면 자신이 스토리의 주인공이 되어 자신을 되돌아보고 앞으로의 목표를 향해 나

스토리텔링을 활용한 자기소개서

안녕하세요. 저는 ○○○입니다.

저는 항상 다정하고 친구 같은 부모님의 늦둥이로 태어났습니다. 9년 만에 생긴 늦둥이라 그런지 뱃속에 있을 때부터 사랑을 듬뿍 받아서 태어날 때 몸무게가 3.9kg였다고 합니다. 다른 집들에 비해서 특별나게 잘난 것 없는 평범한 집이였지만 정말 넘치는 사랑을 받고 자란 것 한 가지만은 자부할 수 있습니다. 부모님은 사랑을 받은 사람이 사랑을 나눌 줄 안다고 밖에 나가서는 항상 사랑을 베풀 줄 아는 사람이 되라고 가르침을 주셨습니다.

고등학교 시절부터 저는 삼 년 동안 걸스카우트라는 봉사동아리에서 봉사활동을 하였는데 봉사활동을 다닐 때마다 부모님의 영향을 많이 받고 자라서 그런지 몰라도 도움이 필요한 다른 사람들에게 조그마한 도움이지만 도움을 줄 수 있다는 점이 참 뿌듯하고 좋았습니다.

저녁을 먹고 종종 아버지와 함께 집 옆에 있는 둘레 길을 걷는데 며칠 전 문득 '소소한 얘기를 하며 걷는 이런 일상이 정말 행복하구나' 라고 느꼈습니다. 제가 생각하기에 이렇게 소소한 일상이 행복의 시작점인 것 같습니다. 제가 앞으로 무슨 일을 하게 될지 모르지만 조그마한 일에도 제가 도움을 줄 수 있다는 거에 감사하며 행복해 할 수 있을 것 같습니다.

아직 사회생활을 해보지 않아서 사회생활이 많이 두렵기도 하고 설레기도 합니다. 하지만 도전을 두려워하지 않고 모든 일에 항상 긍정적인 마인드로 열심히 최선을 다하겠습니다.

갈 수 있는 동기부여가 이루어질 것이다. "스토리텔링을 활용한 자기소개서"
는 필자가 지도하는 대학교 학생의 작품이다.

일기나 생활문을 스토리로 만들기   이 역시 자신이 겪
은 사건이나 경험을 바탕으로 스토리를 창작하는 활동이다. 자신의 경험이
담겨 있으므로 진솔한 삶의 회고와 반성, 각오 등이 표현되도록 하면 회고의
목적을 이룰 수 있다. "컵라면"은 필자가 지도하는 중학교 1학년 이주현 학생
의 작품이다.

컵라면

11월 3일 저녁, 우리 엄마, 아빠 두 분이 이모할머니 생신 때문에 나가시고 우리 언니는
곧 학원에 가야 해서 나 혼자 저녁을 먹어야 했다. 그날 나는 전날 먹은 컵라면이 생각났
다. 난 요리를 할 줄 아는 게 없다. 심지어 라면도 못 끓인다. 그래서 혼자 먹을 때는 항
상 막막하다. 라면을 끓여볼까 생각해 보았지만 괜히 큰일을 당하면 안 될 것 같아 컵라
면을 끓여 먹어보기로 했다. 언니가 전날 했던 말을 생각하며 짜장라면을 끓여먹기로 했
다. 물이 끓을 때까지 기다리고 다 끓었을 때 물을 부었다. 성공했다. 이제 드디어 나 혼
자 알아서 챙겨먹을 수 있는 음식이 생긴 것이다. 나는 사실 여태까지 요리할 때 '불이 나
면 어떡하지? 화상 입으면 어떡하지? 라는 고민으로 선뜻 요리를 하지 않았던 겁쟁이였
던 것이다. 그런데 막상 직접 해 보니 쉽고 재미있었다. 게다가 다른 음식도 만들어보고
싶다는 도전정신도 생겨났다. 나는 이 일 덕분에 도전을 통해 얻은 경험이 또 다른 도전
을 할 수 있는 밑거름이 되고, 해보지도 않고 포기하면 안 된다는 것을 알게 되었다.

대중교통 경험 스토리 만들기   서울메트로에서는 지하
철을 타고 겪은 경험을 대상으로 스토리텔링공모전을 개최하고 있다. 우수
작은 지하철 내에 탑승객들이 읽을 수 있도록 게시하여 스토리텔링을 활용한
잔잔한 감동을 전하고 있다. 마찬가지로 버스, 택시, 지하철 등 자신이 대중

그분은 바로 어머니셨다

지하철 4호선 상계역에서 산본역까지 출퇴근하는 나는 그날도 자리에 앉자마자 의식적으로 눈을 감았다. 몇 정거장 지나서 누군가 내 옆에 바짝 선 느낌이 났다. 살짝 눈을 떠보니 나이 드신 여자 분인 것 같았다. 난 두 눈을 더욱 질끈 감고서 내 자리를 사수했다. 웬만하면 빈자리를 찾아 다른 자리로 가실 텐데, 그 여자 분은 한참이 지나도 내 앞에 계셨다. 깜빡 잠이 들었다가 노원역이라는 안내방송에 깨서 고개를 들어보니 이게 웬일인가. 아! 내 앞에 줄곧 서계셨던 분은 다름 아닌 어머니셨다. "뭐예요! 왜 안 불렀어?" "너 피곤할 텐데 잠시라도 자야지." 어머니는 아들과 같은 지하철, 같은 칸을 탄 게 신기하다며 웃으셨지만 난 순간 화도 나고, 창피하기도 해서 괜히 어머니에게 툴툴거렸다. 당신 아들 쉬게 하려고 내 앞을 지키셨던 어머니가 답답하게만 느껴졌다. 어머니인 줄 알았다면, 아니, 어머니가 아니더라도 당연히 일어섰어야 했던 나, 정녕 답답한 건 내 자신인데 말이다(경기 의정부, 조연호 고객님)

교통을 이용하면서 잊을 수 없는 경험을 스토리로 창작하게 하는 활동이다.

좋아하는 연예인을 활용한 스토리 캐스팅하기

좋아하는 작품의 이야기를 읽고 그 이야기의 등장인물, 즉 주인공, 조연, 적대자, 단역에 자신이 좋아하는 연예인을 캐스팅하여 마인드맵처럼 만들어보는 활동이다. 책에 대한 흥미와 더불어 자신이 좋아하는 연예인을 자신이 마음대로 고른다는 점에서 흥미를 줄 수 있다. 더불어 캐스팅하게 된 이유도 써볼 수 있게 하자. "『콩쥐팥쥐』 배우 캐스팅"은 필자가 지도하는 대학교 학생이 『콩쥐팥쥐』를 읽고 만든 작품이다.

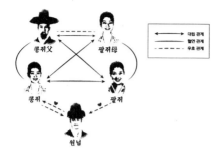

캐릭터 프로필과 등장인물 관계도

←→	대립 관계
───	혈연 관계
- - -	우호 관계

「콩쥐팥쥐」 배우 캐스팅

팥쥐 18세(캐스팅: 박보영): 주인공. 사교적인 성격으로 밝고 긍정적이다. 어린 나이에 아버지와 사별하고 어머니와 둘이 살게 된다. 콩쥐 가족과 진정한 가족이 되길 꿈꾸지만 뜻대로 되지 않는다. 마음의 상처를 받다가 콩쥐 가족과 결국 대립하게 된다. 원님을 통해 마음의 병이 치유되려 했지만 원님은 절세 미녀인 콩쥐에게 반해 팥쥐를 떠난다. 후에는 모든 것을 다 포기하고 어머니와 행복을 찾아 다른 마을로 떠난다.

콩쥐 18세(캐스팅: 구혜선): 새침하고 여성스러우며 뛰어난 외모를 가졌다. 콩쥐가 세 살이 되기도 전에 어머니가 집을 나갔다. 어머니의 빈 자리까지 채워 준 아버지이기에 콩쥐는 아버지 밖에 모른다. 팥쥐와 대립할 생각은 없었지만 아버지를 따르다보니 팥쥐와 적이 되어버렸다. 어떤 사건으로 인해 콩쥐는 아버지까지 잃게 되고, 후에는 원님과 결혼한다.

팥쥐母 37세(캐스팅: 정선경): 참한 여성이다. 팥쥐 아버지를 잊지 못해 힘겹게 하루하루를 살다가 팥쥐를 위해 콩쥐 아버지와 재혼한다. 콩쥐 아버지를 사랑하지는 않지만 팥쥐를 위해 사랑하려고 노력하고, 현모양처가 되기로 마음먹는다. 어느 날 팥쥐가 병이 나는데 그 원인이 콩쥐 가족에게 있음을 알고 무섭게 돌아서서 복수를 한다. 후에는 모든 것을 잊고자 팥쥐와 다른 마을로 떠난다.

콩쥐父 41세(캐스팅: 김영호): 가부장적이며 핏줄에 강한 애착이 있다. 콩쥐가 세 살 되던 해, 콩쥐 어머니가 어린 딸과 자신을 내팽개치고 떠났다. 그 충격에 콩쥐 아버지는 여자에 대한 믿음이 무너졌다. 하지만 콩쥐가 자라면서 단지 '어머니 역할을 해줄 여자'가 필요해 재혼을 하게 된다. 팥쥐 어머니에게 살림은 맡기되 사랑은 주지 않고 팥쥐를 미워한다. 팥쥐 어머니와 살면서 여자에 대한 믿음이 회복 될 쯤, 팥쥐가 마음의 병에 걸리고 팥쥐 어머니는 태도가 달라진다. 결국에는 벌을 받는다.

원님 20세(캐스팅: 이천희): 예쁜 것이라면 다 좋아라 한다. 단순하다. 멀리 공부를 하러 다녀와 집에서 잔치를 열게 되는데, 그때 찾아온 콩쥐를 보고 미모에 반한다. 콩쥐의 유혹에 넘어가 콩쥐를 위해서라면 나쁜 것이든 좋은 것이든 가리지 않고 다 한다. 후에는 콩쥐와 결혼한다.

3. 창작되어진 스토리를 활용한 독서교육 ● ● ●

1) 읽기교육   읽기는 단순히 보는 것과 구별된다. 흔히
책을 읽었다고 책을 덮어버리지만 막상 책의 내용에 대해 몇 가지 질문하면
전혀 모르는 경우가 있다. 바로 책을 읽은 것이 아니라 단지 보기만 한 것이
기 때문이다. 여기서 읽기란 책의 내용뿐만 아니라 저자가 주려고 하는 주제
나 메시지를 정확히 파악하고 이해하며, 그것을 자신의 것으로 만들어 가는
것을 의미한다. 굿맨이라는 학자는 일찍이 이해가 없는 독서는 독서가 아니
라고 하였듯이 읽은 내용을 자신의 것으로 정확히 이해하여 배경지식으로 만
들어두는 것이 진정한 읽기라 할 수 있다. 여기서 중요한 사실은 이러한 읽기
에 크게 관여하는 것이 사고능력이라는 것이다. 단지 보는 것은 생각하지 않
아도 스쳐지나갈 수 있고, 그냥 보여질 수 있는 것이다. 하지만 읽기는 이러
한 수동적인 보기와는 달리 보다 적극적으로 능동적인 사고활동이 동반되는
활동이므로 읽기를 잘하면 사고력이 성장하게 되는 것이다.
　읽기는 국어생활은 물론, 일상생활에서 매우 비중이 큰 활동이다. 중요한

정보를 대부분 글을 통해 얻기 때문에 읽기가 서투르면 우선 공부하기 어렵고, 살아가는 데 많은 불편함이 따른다. 즉 읽기를 잘하면 삶의 질이 한 단계 높아진다는 것을 의미한다. 이와 더불어 다른 사람의 생각을 이해하고 소통할 수 있으며, 교훈과 깨달음을 얻는 데 유용한 것이 읽기이다.

똑같은 책으로 똑같은 시간에 공부를 해도 어떤 아이는 지식이 쌓이고, 어떤 아이는 지식이 쌓이지 않는 원인의 상당부분이 읽기능력의 차이에 있다. 어려서 독서습관을 형성하고 책을 즐겁게 읽은 아이들이 대부분 학습능력이 높은 것도 읽기능력이 우수하기 때문이다. 이것은 과학적인 근거로 증명이 가능하다. 책을 집중해서 잘 읽는 사람의 뇌를 자기공명영상(MRI)로 촬영해 보면 음악, 영화를 감상하거나 게임을 할 때보다 뇌 전체에 걸쳐 많은 양의 혈액이 활발하게 공급되는 것을 볼 수 있다. 특히 사고력과 기억력, 집중력, 창조력을 지휘하는 부분과 사고나 행동, 판단과 관계된 부분이 활성화 되는 것이 입증되었다.

2) 읽기를 잘하려면　　　　　　　읽기를 잘하려면 글의 구조를 먼저 파악해야 한다. 동화, 소설과 같은 이야기 구조는 발단(도입)-전개-위기-절정-결말로 이루어져 있으므로 이 같은 구조에 따라 글을 읽어내는 훈련이 필요하다. 글의 구조를 알게 되면 읽기가 쉬워질 뿐만 아니라 읽은 내용을 글로 구조화하기 쉬워지기 때문이다. 또한 문맥을 활용하여 생략된 내용을 추론하며 읽는 것, 단어의 의미를 파악하고 문단의 핵심어를 파악하며 읽는 것, 글쓴이가 쓰지 않았거나 빠뜨린 내용을 파악하며, 글 전체의 짜임을 파악하

고 중심내용을 구조화하며 읽는 것, 지시어가 의미하는 바를 해석함으로써 문단별, 내용별 연결 관계를 파악하며 읽는 것이 중요하다.

이와 함께 이야기의 가장 핵심적인 요인인 인물, 사건, 배경을 정확하게 파악하고, 그 핵심 요인들을 연결해 저자가 말하고자 하는 의도를 파악하는 것이 중요하다. 특히 사건의 흐름에서 인물 간 시각 차이로 인해 일어나는 갈등 상황이 주제와 밀접한 관계를 가질 수 있으며 이는 곧 책을 읽은 후 독서 토론의 주제와도 연결될 수 있으므로 아주 주의 깊게 읽어야 한다. 또한 작품의 배경 중 일반적인 시공간 배경이 아니라 사회문화적 상황에 따른 의도된 장치로서의 배경 또한 주제와 매우 긴밀하게 연결되므로 읽으면서 이를 파악하기 위해 노력해야 한다.

3) 읽기능력의 3단계

읽기능력도 단계를 거쳐 성장하는데 첫 번째 단계가 독서준비도 단계, 두 번째 단계가 읽기능력 형성 단계, 세 번째 단계가 감상능력 형성 단계이다. 이와 같은 단계를 통해 읽기능력은 점차 성장되고 발달되어 가는 것이다.

우선 첫 번째 단계로 독서준비도 단계이다. 독서준비도 단계는 책에 대한 흥미와 책 읽는 습관을 형성시켜 주는 단계라 할 수 있다. 글을 읽지 못하는 어린 나이에도 부모가 책을 읽어 줌으로써 충분히 독서를 준비할 수 있으며 이 같은 단계를 탄탄하게 밟게 되면 다음 단계인 읽기능력 형성 단계로 이행하게 된다. 흔히 독서준비도 단계를 독서습관 형성기라 할 수 있다. 책을 좋아하지 않는 아이, 책에 대해 부정적인 아이, 조용히 앉아서 책을 읽지 못하는 아이, 남이 책을 읽을 때 방해하는 아이 등은 독서준비도가 낮은 아이들이다. 이 같은 원인은 환경적 준비도와 관련이 많다. 부모가 책에 대해 부정적인 생각을 갖고 있거나 책을 읽을 수 없는 환경 등이 바로 이것이다. 따라서 아이들의 읽기능력을 키워 주기 위해서는 책을 읽도록 하는 환경을 만들어 주는 것이 필요하다.

두 번째 단계가 읽기능력 형성 단계이다. 독서준비도가 잘 갖추어지게 되면 자연스럽게 책을 꺼내어 읽게 된다. 이 단계에서는 책에 들어 있는 내용을 있는 그대로 이해하는 활동에 들어가 단어나 문장의 뜻을 충실히 이해하려한다. 이때 읽기능력은 훈련을 통해 향상이 가능한데 교사나 학부모의 관심과 배려가 아이의 읽기능력을 성장시킬 수 있다.

읽기능력 형성이 이루어지면 다음 단계인 감상능력 형성 단계로 진행된다. 읽기능력 형성 단계에서는 독자가 책에 있는 내용을 있는 그대로 이해하고 받아들이려 노력하지만 감상능력 형성 단계에 들어오면 좀더 능동적이고 활동적으로 변화된다. 즉 책의 내용을 있는 그대로 받아들이기보다는 스스로 생각하면서 능동적으로 해석하고 싶어 하며, 자기 나름의 의미를 창조하려고 한다. 이러한 읽기의 과정이 감상능력 형성 단계이다. 이때의 독서를 능동적, 심층적, 창조적 독서라고도 한다.

4) 읽기에도 방법이 있다　　　　　　　앞서 정의했듯이 글을 읽는다는 것은 글이 갖는 의미를 이해한다는 것을 포함하는 것이다. 어떤 독자는 글의 내용을 읽고 그 내용의 의미를 빨리 파악하여 자신의 것으로 만들어 가

는데 또 어떤 독자는 글을 읽고 나서도 무슨 의미인지 전혀 파악하지 못하여 시간만 낭비하는 경우를 쉽게 목격할 수 있다. 이것은 분명 무엇인가 두 독자 간의 차이점이 존재하기 때문인데 전자를 흔히 '능숙한 독자'라 일컫고 후자를 '미숙한 독자'라 일컫는다. 우선 능숙한 독자가 글을 읽을 때 어떻게 읽는 가를 살펴보면 자연히 미숙한 독자의 미숙한 부분을 알 수 있게 된다.

능숙한 독자는 글을 읽을 때 읽는 방법이 다르다. 그것을 크게 세 가지로 나눌 수 있는데 첫 번째가 읽으면서 중심내용 파악하기, 두 번째로 글의 구조를 이해하며 활용하여 읽기, 세 번째로 글의 내용에 따라 읽기전략을 바꾸며 읽기이다.

읽으면서 중심내용 파악하기   먼저 읽으면서 중심내용 파악하기란 작가나 글쓴이가 전해 주려고 하는 중심된 내용이나 자신에게 필요한 정보들을 무엇보다 우선해서 이해하는 것을 말한다. 분명히 글에는 작가나 필자가 말하려고 하는 주장이나 정보들이 담겨져 있기 마련이며, 그것을 빨리 발견하고 자신의 것으로 취해 나가느냐 아니면 그렇지 않느냐에 따라 능숙한 독자 혹은 미숙한 독자로 구분될 수 있다는 사실이다. 중심내용을 파악하기 위해서는 다음과 같은 용어들을 알고 활용할 수 있어야 한다. 즉 핵심어, 제목, 중심 문장, 요약, 주제가 그것이다. 이 용어들은 중심내용을 파악하는 데 있어서 독자들이 보다 쉽게 접근해서 자신의 것으로 만들어 가는 중심내용 찾기 도구라 할 수 있다.

핵심어란 글 전체 내용에 정보적 가치가 가장 높은 단일 어휘소나 용어를 말한다. 『토끼전』이란 책을 읽었다면 이 책에서 나오는 핵심어는 '토끼의 간'

정도라 할 수 있다. 제목은 말 그대로 글의 전체 내용을 한마디로 축약한 것으로 대개 구(句)로서 표현하며, '토끼전'이 제목이라고 생각하면 될 것이다. 중심문장은 각 단락마다 필자가 말하고자 하는 문장을 의미하는 것으로 대개 한 단락에는 하나의 중심문장이 포함되어 있고, 그 문장을 제외하면 그 중심문장을 설명하거나 논증하는 글이다. 그리고 요약은 이런 중심문장을 간추려서 쓴 것이며, 주제는 전체 글이 함의하고 설명하는 것을 일반화시킨 문장을 말한다. 가령 토끼전의 주제는 "지혜로운 사람이 되자"와 같다. 능숙한 독자들은 이런 읽기방법을 통해 글의 내용을 빨리 자신의 것으로 만들어 간다.

글의 구조를 이해하며 읽기　　　　　　　　논설문을 쓰거나 논술을 한다고 할 때 많이 들어본 용어가 서론, 본론, 결론일 것이다. 이것은 글도 무작정 쓰거나 아무렇게 쓰는 것이 아니라는 사실을 말하는 것이다. 즉 우리가 사용하는 언어 역시 나름대로의 체계에 따라 조직화되고 구조화되어 있다는 사실이다.

최근의 연구결과에 따르면 이런 글의 구조적인 특성이나 지식을 알고 있는 경우 읽기와 관련해서 매우 유용하다는 점들이 드러나고 있다는 것이다. 즉 능숙한 독자들일수록 구조적 단서들을 통해 실용적이고 효율적인 독서를 해나간다는 점이다. 글을 읽으면서 어느 부분이 서론이고, 본론이고, 결론인지 구조화된 내용을 이해한다면 책이 주는 의미를 보다 쉽게 읽어낼 수 있다는 말이다.

이런 독자들은 자신의 생각을 글로 구조화시키는 것, 즉 쓰기도 잘하게 된다. 흔히 글을 쓰기 전에 개요짜기라는 것을 하게 되는데 이것이 바로 글의 구조화를 의미한다. 이미 읽기에서 글에 대한 구조를 알고 있는 독자들은 자신의 생각을 글로 옮길 때 당연히 구조화시키기가 쉽기 때문에 글을 잘 쓰게 되는 것이다. 다시 말해서 읽기를 잘하는 아이들이 쓰는 것도 잘하게 되는 것이다. 흔히 읽기를 통해 여러 가지 정보나 지식, 메시지들을 입력하게 되면 이것을 사고능력을 통해 잘 반죽해서 다시 자신의 글로 써내는 일련의 과정 속에서 본다면 쓰기능력을 성장하기 위해서는 당연히 읽기가 우선적으로 이루어져야 한다는 뜻이다.

글의 내용에 따라 읽기전략을 바꾸며 읽기　　　　　　책을 성격이나 내용에 따라 나누면 크게 네 가지로 구분할 수 있다. 교과서나 참고서와 같은 학습용 책과 읽으면 즐거움을 주는 재미용 책, 요리책이나 지도책과 같은 실용적 책, 그리고 성경이나 철학서와 같이 교양을 주는 책이다. 능숙한 독자들은 이런 책의 성격을 잘 알고 읽기 때문에 단순히 흥미만 주는 책을 읽을 때 학습서를 읽는 것과 같이 읽지는 않는다. 즉 책에 따라 읽는 방법을 바꾼다는 말이다. 어떤 책은 하나하나 씹어서 읽고, 또 어떤 책은 중요하지 않은 부분은 생략하고 중요한 부분만 취해서 읽어가고, 혹은 반드시 암기해야 할 책 내용과 그렇지 않은 책 내용을 구분할 수 있어서 자신의 읽기전략을 책에 따라 수정, 보완해 나가는 읽기방법을 활용한다. 이 같은 방법은 책을 많이 읽은 능숙한 독자들에게 나타나는 수준 높은 읽기방법이라 할 것이다.

독서백편의자현(讀書百遍意自見)이라는 말이 있다. 이 말의 뜻은 "책을 백 번 읽으면 그 뜻이 스스로 보인다"는 것으로, 읽기방법을 모르는 독자라 하더라도 책을 자주 읽는 습관을 갖고 많은 책들을 읽어내면 그 의미를 깨닫게 된다는 것이다. 능숙한 독자가 되는 것은 꾸준히 읽고, 읽은 내용을 자신의 것으로 만들어 가는 과정들이 있을 때에 가능하다는 것이다.

5) 배경지식을 활용한 읽기방법　　　　　　배경지식은 우리 기억 속에 들어 있는 경험 내용의 모든 것으로서 책의 내용을 보다 정확하고 빠르게 이해할 수 있게 도와주는 한편, 상상력, 창의력을 불어넣어 생각하는 힘을 넓히는 데 도움을 준다. 특히 새로운 지식이나 정보를 얻을 때 단순히 그러한 내용만 머리에 인식되는 것이 아니라 배경지식과 더불어 이해되고 인식되는 것이다. 그렇기 때문에 글의 내용에 적합한 배경지식이 없거나 읽기 과정에서 가지고 있는 배경지식을 적절히 활용하지 못하는 경우 독자는 그 글을 제대로 이해하기가 어렵다. 따라서 효과적인 읽기를 위해서는 배경지식을 잘 활용하여 글을 이해할 수 있도록 하는 훈련이 필요하다. 배경지식을 활용한 읽기방법은 크게 다음과 같은 네 가지 유형으로 나누어 살펴볼 수 있다.

질문을 통한 읽기방법
· 책의 제목이나 표지는 무엇을 의미하는가?
· 책 내용과 관련한 내 배경지식이나 경험은 무엇인가?
· 책 내용과 관련해서 궁금한 것은 무엇인가?
· 주인공은 왜 그런 행동을 했는가?
· 작가는 왜 이런 글을 썼는가?
· 시대적, 공간적 배경은 무엇인가?

질문은 배경지식을 진단하는 가장 일반적인 방법이다. 학습자료의 내용과 기존의 지식을 상호 연관지어 위와 같은 질문을 통해 배경지식을 활성화시킬 수 있다. 이러한 질문을 통해 여러 가지 생각을 하도록 해서 배경지식을 활성화시키는 읽기활동은 책을 읽는 목적을 분명히 해주며, 또한 집중과 몰입을 유도하고, 새로운 내용을 자신의 것으로 만들어 갈 수 있게 한다.

형상화를 통한 읽기방법　　　　　　형상화란 책을 읽으면서 떠오르는 생각을 그림이나 형체로 떠올리는 것을 말한다. 머릿속에 영화관에서 볼 수 있는 커다란 스크린을 펼쳐놓고 책을 읽기 시작하면서 그 스크린에 주인공이나 책이 주는 정보나 내용을 살아 움직이는 그림이나 형체로 바꾸는 것을 말하는데, 형상화를 통해 내용을 쉽게 연상할 수 있고, 보다 분명하게 이해할 수 있으며, 독서행위에 대해 즐거움과 흥미를 갖게 된다.

예측을 통한 읽기방법　　　　　　예측은 독자가 가지고 있는 경험이나 배경지식을 활용해서 다음에 이어지는 내용을 미리 알아보는 것을 말한다. 책을 읽기 전에 내용을 미리 예측해 보면, 책을 읽으면서 자신이 예측한 내용과 실제 내용이 어떻게 같고 다른지를 생각하며 읽기 때문에 책읽기에 더욱 흥미를 갖게 된다. 또 읽는 과정에서 자신의 예측을 확인, 수정하고 새롭게 예측하는 등의 적극적인 책읽기를 할 수 있다. 이때 독자는 글에 포함된 단서를 활용해야 한다.

추론을 통한 읽기방법　　　　　추론하기는 글에 나와 있는 내용을 바탕으로 글에 나타나 있지 않은 내용을 자신의 배경지식을 활용하여 추리를 통해 이해하는 것을 말한다. 가령 '자동차가 끼이익 하고 큰 소리를 내며 정지하였다'라는 문장을 보며 독자는 '큰 사고가 났겠구나.'라든지 '누군가 다쳤겠구나.'와 같은 결과에 대한 추론을 할 수 있다. 추론에는 인물, 장소, 배경에 대한 추론, 문장 사이에 생략된 내용 추론, 단어 의미 추론, 이어질 내용 추론 등이 있으며, 이러한 추론은 독서과정에서 매우 적극적인 사고를 할 수 있도록 도와준다.

6) 읽기의 종류　　　　　읽기는 여러 종류로 나눌 수 있다.

정독　　　　　책에 실려 있는 내용과 형식을 자세히 검토하면서 읽는 방법으로 그 속뜻을 이해하는 독서방법을 말한다. 학습과 관련한 책, 철학이나 신앙 관련 교양서적, 고전문학작품 등의 도서를 읽을 때의 독서방법이다.

통독　　　　　글의 대강의 의미와 내용을 파악하기 위해 읽는 방법으로 처음부터 끝까지 내리 읽는 것을 말한다. 비교적 세밀하게 읽지 않아도 될 경우에 사용하는 독서방법이다.

발췌독　　　　　책을 전체적으로 다 읽지 않고 필요한 부분만 골라 가려서 읽는 방법을 말한다. 독서의 양이 많아 책을 다 읽지 않고 필요한 부분만 골라 읽어야 할 때 이 독서방법을 선택하는 것이 좋다.

묵독　　　　　　소리를 내지 않고 읽어서 의미를 이해하는 읽기 방법이다. 소리를 내어서 읽는 음독이 글자 단위의 읽기라면 묵독은 문장 단위, 의미 위주의 읽기이다.

음독　　　　　　묵독과 달리 소리를 내며 읽는 읽기 방법이다. 이해가 어렵거나 기억을 잘하게 돕는 읽기로서 눈과 귀를 동시에 활용하여 뇌를 활성화시키는 장점을 갖는다.

속독　　　　　　빨리 책을 읽어야 할 이유가 있을 때 사용하며 읽기능력이 뛰어난 경우 자연스럽게 만들어지는 읽기방법이다.

7) 책 읽어 주기(구연) 방법

· 이야기 속의 인물을 분석한다.
· 동화 속 인물의 성격에 맞추어 목소리를 표현한다.
· 동화 속 인물의 상황에 맞추어 감정을 표현한다.
· 상황에 맞는 표정과 표현으로 효과를 낸다.
· 해설에도 목소리에 강약, 고저, 장단, 완급 등의 효과를 넣어 흥미롭게 표현한다.

· 듣는 사람의 연령과 수준을 파악하여 적당한 시청각 자료를 사용하면 효과적이다.
· 적절한 각색을 한다.

각색의 원리   일반적으로 읽는 동화에서 듣는 동화로 만들 때는 흥미를 더하고 이해를 쉽게 하기 위해서 언어 사용의 변화와 화법의 변화 등이 필요하다. 이러한 각색에는 보존, 삭제, 첨가를 통해 이루어지는데 원작이 지닌 기본 줄거리나 인물들을 보존하며, 비교육적이거나 불필요한 대사 등은 삭제하며, 이해를 돕고 생동감을 위해 필요한 부분을 첨가하여 각색한다.

각색의 방법
· 어미를 문어체 표현에서 구어체로 바꿔 준다.
　예] 하였습니다.(했습니다) → 하였어요. 했지요. 했어요. 하였지 뭐예요? 한 거예요. 했대요. 했답니다.
· 어려운 단어는 어린이들이 쉽게 이해할 수 있는 단어로 바꿔 준다.
　예] 태초부터 → 처음부터, 두통 때문에 → 머리가 아파서
· 간접화법을 직접화법으로 고친다.
　예] 어머니는 영수에게 길을 건널 때는 차를 조심하라고 일렀습니다. → "얘, 영수야. 길을 건널 때는 차를 조심하거라."
· 시대적으로 이해가 어렵거나 비교육적인 것은 삭제하고, 교육적인 내용으로 고쳐서 들려 준다.

예] 다윗이 블레셋 사람을 이기고 쳐 죽였으나 자기 손에는 칼이 없었더라 다윗이 달려가서 블레셋 사람을 밟고 그의 칼을 그 집에서 빼어내어 그 칼로 그를 죽이고 그 머리를 베니 블레셋 사람들이 자기 용사의 죽음을 보고 도망하는지라 → 다윗은 블레셋 사람들과 맞서 싸워 이겼어요. 다윗은 칼을 가지고 있지 않았지요. 다윗은 골리앗을 향해 돌멩이를 던졌어요. "으-앗!" 골리앗은 이마를 잡고 휘청거리더니 푹 하고 쓰러졌어요. 그 소리는 땅이 갈라지는 소리 같았어요. 다윗은 달려가서 골리앗을 밟고 무찔렀어요. "우와! 장군이 쓰러졌다." 큰 장수가 쓰러지자 블레셋 군사들은 무서워서 모두 도망갔어요.

· 설명문이 많은 경우 대화체를 적절히 사용하여 변화를 주도록 한다.
· 평면적인 말은 활동적인 말로 바꿔 준다.
  예] 야곱이 돌을 베고 잠을 잤어요. → 밤이 되자, 야곱은 들판에서 돌을 베고 누웠다가 쌕쌕 잠이 들었어요.
· 긴 이야기는 대상이나 목적 등에 따라 줄일 수 있어야 하며 이럴 경우 비논리적이거나 어색하지 않도록 각색한다.
· 접속사는 가능하면 줄인다. 접속사는 많이 사용하면 딱딱한 문어체 느낌을 주기 때문에 문장과 문장 사이에 부드럽게 어미를 활용하는 편이 좋다. 예] "그는 그렇게 떠나갔다. 그러나 그의 아내는 계속해서 이곳에 남았다." → "그는 그렇게 떠나갔으나 그의 아내는 이곳에 그대로 남게 되었어요."
· 반복이나 의성어, 의태어 등을 적절하게 활용한다. 내용을 보다 생동감 있게 표현하며 그 느낌을 생생하게 전달하는 효과가 있다.

4. 독서토론교육 ● ● ●

1) 토론의 개념 토론의 어원을 살펴보면 'Debate'라는 단어는 라틴어 동사 'debattuere'에 기원을 두며 'debattuere'는 'de'와 'battuere'라는 의미소로 나눌 수 있다. 접두사 'de'는 '분리하다' 혹은 '제거하다'의 의미이며 어간인 'battuere'은 이후 영어의 '전쟁'이라는 의미로 발전되었다. 라틴어 동사로서의 의미는 'to beat', 즉 '치다'였다. 따라서 'debate'라는 말은 전쟁을 비유한 표현과정에서 출발하여 언어로 개념화되었다고 볼 수 있다.

토론이란 어떤 논제에 대해서 찬성자와 반대자 또는 긍정자와 부정자가 각각 근거를 들어 자신의 주장이 옳다고 내세우고, 상대의 주장과 논거가 부당하다는 것을 명백하게 하는 공적 말하기의 한 형태이다. 토론은 토의와 비슷하지만 분명히 다른 속성을 갖는다. 우선 토론은 토의와는 다르게 상대방을 설득하는 것이다. 입장이 분명한 사람들이 모여서 각각의 논거를 밝히고 상대방의 주장을 논박하고 주장의 정당성과 합리성이 상대방에게 인정될 수 있도록 자기의 주장을 펴 나간다는 점에서 토의와 구분된다.

토론과정에서 자기의 주장의 옳다는 것을 상대방이 인정하도록 하려면 상대방이 내세우는 논거의 모순을 지적하고 자기 논거의 정당성과 합리성을 보임으로써 상대로 하여금 반론 제기나 논박의 여지를 가지지 못하게 해야 한다. 결국 토론의 궁극적인 목적은 자신의 의견이나 주장을 관철시키는 데 있는 것이 아니라 의견의 일치를 구하는 데 있다. 즉 참석자들의 대립적인 주장을 통하여 바람직한 결론을 도달하는 데 있기 때문이다.

2) 토론과 토의　　　　토론과 달리 토의는 주어진 문제에 대한 해답을 찾아내는 데 의미가 있다. 토의는 서로 협력하여 의논하면서 생각을 넓혀 나가는 집단적 사고이지만 토론은 의견 대립이 먼저 존재하고, 대립하는 가운데 결론에 도달하는 사고이다. 따라서 토의는 비(非)논쟁적이며 찬성과 반대 측의 대립이 없을 수도 있고, 있다고 하더라도 잠재적인 특징을 가진다. 반면 토론은 논쟁적이며 찬성과 반대 측의 대립이 반드시 표면적인 특징을 가진다는 점에서 토의와 구분되는 것이다. 또한 토의는 우선성에 입각한 문제해결과정인 반면에 토론은 앞서 설명한 바와 같이 자신의 논리적 타당성을 입증하고 상대방의 논리적 부당성을 입증하는 과정을 가진다. 즉 토의는 논쟁하거나 갈등하기보다는 문제해결과정에 집중하지만 토론은 자신의 논리적 정당성 또는 타당성과 상대방의 논리적 부당성을 입증하는 과정을 거친다는 것을 의미하는 것이다.

토론에는 상대방을 설득하는 두 가지 과정이 있다. 먼저 자신의 주장이 논리적으로 타당하거나 정당하다는 점을 입증하는 과정이다. 이때 토론자는 주장과 논거로 구성된 논증을 통해 자신의 주장의 타당성을 입증한다. 이럴 때 논거는 사실적이어야 하고, 적절해야 하고, 충분성을 가지고 있어야 한다. 또 다른 과정은 상대방의 주장에 대해 부당성 또는 타당하지 않는 점을 입증하는 과정인데, 이것을 '논박하기' 또는 '반박하기'라 하며 토의에서는 찾아볼 수 없는 토론만이 갖는 핵심적 요소라고 할 수 있다. 그렇기 때문에 토의는 비교적 자유롭게 의논하고 발언하는데 비해 토론은 규칙과 절차 그리고 정해진 방법에 따라 진행된다. 토론에서는 발언 시간, 순서, 판정, 전체 시간 등과 같은 규칙이 매우 엄격하다. 이런 특징으로 토의에는 사회자의 역할이 매우 중요하지만 토론에서는 사회자의 역할은 크지 않다. 왜냐하면 엄격한 규칙과 절차가 이미 사회자의 역할을 하고 있기 때문이다.

아울러 토의는 '최종 결론'에 도달하는 반면에 토론은 '승자의 결론이 최종 결론'이 된다. 토의는 협력적 말하기이기 때문에 합의한 결론이 최종 결론이 되며 이때 최종 결론은 다수결원칙에 의해서 결정되는 경우가 많다. 반면 토론에서는 승자의 결론이 최종 결론이 된다. 즉 입증과 논박의 과정을 거쳐 토론의 승자의 주장이 최종 결론이 된다. 그렇기 때문에 토의에서는 사회적 다수 또는 강자 의견의 재생산 가능성 높은 반면 토론에서는 모든 가능성이 열려 있다는 점에서 그 특성이 다르다는 것을 알 수 있다. 왜냐하면 아무리 적은 인원의 의견이라고 하더라도 상대방을 설득하기만 한다면 최종 결론으로 결정될 수 있기 때문이다.

토의와 토론의 또 다른 특성을 살펴보면, 토의에서는 구성원들의 팀워크이 중요하지 않은 반면, 토론은 팀워크가 매우 중요하며, 중요하게 평가된다. 토의는 개별적으로 참여하고 토론은 팀을 구성해서 참여하기 때문이다. 따

라서 토의보다는 토론에서 팀워크의 중요성이 부각될 수밖에 없다. 특히 교육토론에서 팀워크의 중요성을 부각되는데, 토론팀의 각 구성원이 각자의 역할을 얼마나 자연스럽게 수행하는지와 팀원들이 얼마나 균등하게 발언하는지도 토론평가의 중요한 기준이 된다. 토론팀원 중 한 사람이 아무리 활발한 토론활동을 하더라도 다른 구성원의 참여가 부족하거나 역할분담이 자연스럽지 않으면 좋은 평가를 받기 어렵다.

3) 토론의 과정　　　　　　토론의 핵심과정에 대해 살펴보면, 토론은 입론, 확인질문(교차조사), 반론, 최종발언(최종변론) 이렇게 네 가지의 과정으로 구성된다. 우선 입론은 논제에 대해 자기 팀의 입장을 담은 논점을 펼치는 과정이다. '정해진 논제에 대해 자기의 생각을 말한다'는 의미에서 발제라

고도 한다. 토론은 입론에서 펼친 논점을 토대로 해서 진행되기 때문에 자기 팀의 입장을 충분히 포괄해야 한다. 토론 도중에 새로운 논점을 제시하거나 또는 상대팀이 입론에서 말하지 않는 논점에 대해 반박했다면 이는 잘못된 것이 된다.

확인질문은 입론이나 반론에서 발언을 마친 사람이 말한 내용을 확인하는 과정이다. 입론에 대해 반론을 펼치거나 또는 반론에 대해 재반론하기 위해 입론이나 반론에서 말한 상대방의 발언내용에 대해 질문하는 과정이다. 따라서 상대방이 말한 바를 조사한다고 해서 '교차조사' 또는 '교차질문'이라고도 한다.

토론의 핵심은 반론에 있다. 토론은 서로 다른 입장을 전제로 대립된 의견을 논의하는 것이므로 반론은 토론에서 가장 핵심적인 단계이다. 반론은 상대방 주장의 허점이나 부족한 점을 지적하고 왜 잘못되었고 어떤 점에서 오류가 있는지를 밝히는 과정인 것이다. 예를 들면, "이런 말씀을 하셨습니다. 맞습니까?"와 같이 질문을 통해 이루어진다.

최종발언(최종변론)은 결론에 해당된다. 최종발언은 지금까지 토론한 내용을 간략하게 요약하고 정리하고 토론논제에 대한 자신의 입장을 청중을 향해 다시 한 번 선명하게 부각시키는 단계이다.

4) 독서토론 독서토론은 독서 후 스스로 내용을 이해하고 소화하여 자신의 사고나 행동에 도움이 되게 하는 독서과정의 하나이다. 이런 점에서 일반적인 토론과는 다소 다르며, 내용을 이해하고 소화하는 과정은 '토의'적 성격이 강하며, 자신의 사고나 행동을 밝히고 설득하는 과정은 '토론'적 성격이 강하다. 따라서 독서토론은 토론과 토의의 특성을 모두 갖되, 독서라는 매개를 통해 이루어지는 행위로 보아야 한다.

이러한 독서토론의 필요성에 대해 살펴보면, 첫째, 토론교육의 필요성과 마찬가지로 학생들에게 공동체 의식을 높여 줄 뿐만 아니라 민주적인 생활 태도를 키워 준다. 함께하는 수업형태를 통해 서로 책을 읽고 난 다음 나누는 이야기를 통해 다양한 생각을 받아들이게 되고 우리 사회가 더불어 살아가는 곳이라는 점을 알게 해준다.

둘째, 사고력 향상에 도움을 준다. '사고력'은 '생각할 수 있는 힘'을 말하는 것이다. 독서를 하면서 왜 그런지 끊임없이 물음을 던지면서 생각할 수 있는 힘을 기를 수 있다. 이는 '비판적 사고능력'이라고도 할 수 있는데 이 역시 주어진 사태와 상황에 대해서 수동적으로 받아들이는 것이 아니라 정말 받아들일 수 있는지 능동적이고 주체적으로 생각할 수 있는 힘을 키울 수 있도록 해준다.

셋째, 읽은 내용을 확인할 수 있게 해준다. 혼자 책을 읽다보면 내용을 부정확하게 이해할 수도 있고, 너무 주관적으로 파악할 수도 있다. 그러나 독서토론과정을 통해 책의 내용을 보다 명확하게 이해할 수 있게 된다.

넷째, 독서토론을 통해 다양한 관점을 수용하는 능력을 기를 수 있다. 책의 내용이나 주인공의 행동에 대한 자신의 생각만이 옳은 것이 아니라, 자신의 견해와 상반된 견해에 대해서도 관용할 수 있도록 해준다.

다섯째, 일반적인 주제토론보다는 책의 내용에 근거해서 토론할 수 있으므로 근거 있는 토론과 생각의 확장을 가져올 수 있다. 텍스트나 자료 없이 하는 토론보다는 주장하거나 근거를 제시할 때 바탕을 가질 수 있으므로 보다 객관적 지평에서 토론할 수 있고 합리적인 생각의 확장을 가져올 수 있다. 한마디로 독서토론은 전체적으로 자신의 사고와 행동에 매우 커다란 도움이 된다고 볼 수 있다.

5) 독서토론의 도서 및 논제 선정

독서는 사전의 의미로서는 '책을 읽는다'는 뜻을 갖지만 좀더 넓은 의미로 해석하면 '다양한 텍스트(의미를 가진 글로 이루어진 대상)를 읽고 이해, 분석, 종합, 판단하여 자신만의 의미로 재구성하는 인지적 과정'이라 할 수 있다. 이러한 독서는 독서토론이라는 활동을 위해서 빠져서는 안 될 중요한 요소이다. 그 이유는 독서를 통해 토론을 위한 배경지식을 쌓으며, 토론과정에 유용한 자신만의 논리적 근거를 탐색할 수 있고, 다양한 관점에서 접근할 수 있는 사고능력과 정보를 무장할 수 있게 도와주기 때문이다.

따라서 독서토론을 위한 독서활동에 있어서 우선 논제에 맞는 읽기가 되어야 한다. 즉 논제 이해, 논리성 확보를 위한 목적독서를 해야 하며, 이와 함께 주어진 정보를 정확하게 분석하여 자신에게 필요한 논리적 근거를 도출해야 한다. 또한 상대방의 잘못이나 오류를 비판할 수 있는 근거도 독서를 통해 확보해야 하며, 주어진 논제와 관련한 여러 자료나 입론 등을 찾아 읽기를 통해 소화해야 한다.

독서토론은 즉흥성을 띠지만 배경지식과 다양한 논리적 근거 위에서 행해지므로 미리 읽고 소화하여 자신의 것으로 만들어두지 않으면 적절하고 효율적인 토론활동이 이루어질 수 없으며 자칫하면 허둥대다가 토론이 끝나고 말게 된다.

6) 독서토론을 위한 도서 선정 방법

일반적 독서 차원의 도서 선정에는 개인적 관심사나 읽어야 할 목적에 부합하는 책, 새로운 정보나 마음의 안정을 주는 책, 개인 독서력 발달 단계에 따른 개별화된 맞춤 도서를 선정하게 되지만 토론 차원에서의 도서 선정 방법은 조금 다르다. 즉 쟁점이 분명하게 드러나는 책이어야 하며, 독서토론 참여자들의 일반적 독서 능력 수준을 고려한 책이며, 사회문화적으로 공통의 관심사를 반영하고 시각의 지평을 확장시켜 주는 책을 선정해야 한다. 가장 큰 차별성은 작가가 말하고자 하는 핵심 주제와 관련해 독자에 따라 서로 다른 의견을 가질 수 있느냐, 즉 쟁점을 찾아낼 수 있느냐이다. 너무 뻔한 사건 전개과정과 전형적인 인물의 등장, 혹은 당연히 귀착되어야 할 결말만이 담겨 있는 책은 공통의 관심사를 담은 논제 자체를 뽑아내기 어렵기 때문에 적당하지 않다. 따라서 쟁점이 분명하게 드러나는 책, '찬성과 반대', 혹은 '좋다와 싫다' 등과 같이 대립의견이 분명하게 드러날 수 있는 책이어야 한다.

또한 주제 의식이 분명하게 드러나는 책이어야 한다. 특히 누구나 이해 가능한 보편타당한 가치를 지녀야 하며, 특정 가치관에 선입견을 주거나 편향된 시각이 드러나는 책은 선정하지 말아야 한다.

7) 논제 선정의 원리

- 토론 참여자들의 공통의 관심사를 불러일으킬 수 있는 문제를 탐색해야 한다.
- 찬성과 반대의 입장에서 접근할 수 있는 명확한 논제인지 확인해야 한다.
- 논제 서술 방식은 닫힌 논제(폐쇄형)가 적합한지 열린 논제(개방형)이 적합한지 판단해야 한다.
- 논제의 유형이 사실 명제, 가치 명제, 정책 명제 중 어느 것인지 확연하게 드러나게 서술해야 한다. 그렇지 않으면 찬성과 반대의 양측 토론자들이 논제 성격을 각기 다르게 이해하고 토론을 시작하게 되고, 그럴 경우 토론은 계속 본질적인 접근을 못한 채 맹점에서만 떠돌게 된다.

· 독서토론과정에서의 논제 도출은 독서 자료에 근거하는 것이 좋다. 기본 배경지식이 동일하면 토론 학습자가 토론과정에 더 적극적으로 동참할 수 있다.

· 문학작품의 경우 등장인물 간의 갈등상황이나 사건의 흐름상의 위기 단계에 주목해야 한다. 입장에 따라 첨예할 수 있기에 논제를 도출하기가 쉽다.

· 문학작품 중 시 영역에서 논제를 도출하고자 할 때는 작가가 상징을 통해 무엇을 말하고자 하는지에 주목해야 한다.

· 비문학작품의 경우 해당 논제가 사회문화적으로 얼마나 의미 있는 영향력을 미칠 수 있는지를 생각해야 한다. 별 의미 없는 내용의 논제는 토론과정의 흥미도를 떨어뜨리게 된다.

· 다소 비본질적인 성향의 논제라도 핵심 논제를 논하기 위해 초점을 맞춰가는 과정에 필요할 수 있다. 이는 보조 논제로서의 의미가 있다.

· 논제는 보다 세밀하고 구체적인 사항에서 도출해 내는 것이 좋다. 그렇지 않으면 찬성과 반대측이 모호한 입장을 갖게 될 수 있다.

· 논제를 서술할 때는 용어 정의에 있어서 찬성과 반대쪽이 모두 인지할 수 있는 공유 개념으로 서술해야 한다. 예들 들어 안락사의 경우, 적극적 안락사인지 소극적 안락사인지를 명시하는 것이 좋다.

· 하나의 논제에는 단 하나의 쟁점만 부각되어야 한다. 하나의 쟁점에 대해 찬성과 반대가 분명하게 드러나야 하므로 하나의 논제 안에 복수 쟁점은 허용되지 않는다.

· 논제 문장을 어떻게 구성하느냐에 따라 논제의 성격이 달라질 수 있다.

사실 논제나 정책 논제를 구성하면서 가치판단의 표현을 포함시키면 가치 논제로 혼동할 수 있기 때문이다.

· 논제가 어느 한쪽으로 치우친 의견을 포함하고 있지는 않은지를 점검해야 한다.

8) 논제 실제 사례

논제	논제 유형	설명
모든 부모는 자녀 안전을 위해 등하굣길을 함께해야 한다.	정책	학교 등하굣길에서 이뤄지는 강력 범죄가 많아지다 보니 어린이 등하굣길에 보호자를 반드시 동행해야 한다는 입장과 현실적으로 가능하지 않고 그렇다 하더라도 국가의 공공 치안력을 강화해야 하는 것이지 개인의 책임은 아니라는 입장이 나올 수 있다.
사형 제도는 공공의 선을 저해한다.	가치	인간은 어떠한 이유로도 다른 인간의 생명을 빼앗을 수 없다. 즉 누군가의 생명을 공공의 이름으로 빼앗은 것 자체가 인간의 존엄성을 침해하는 것이라는 입장과 공공을 위해서라면 사형이라는 제도를 통해 반사회적 인간을 단죄할 수 있다는 입장이 나올 수 있다.
동물 실험은 비윤리적이다.	가치	'윤리적이다, 비윤리적이다'는 개인의 가치 기준에 따라 다르게 규정되므로 논제 자체가 이미 가치적인 측면을 지녔다.
청소년의 이성 교제는 바람직하지 않다.	가치	이성 교제를 언제부터 시작해도 되는지, 어느 정도까지 허락할 수 있는지에 대해서는 각자 다른 기준을 가지고 있다.

하버드대학교 마이클 센델 교수

저의 유일한 독서습관은 질문을 하며 책을 읽는 것이에요. 책은 작가와의 대화로 초대하는 일종의 초대장입니다.

동물 생명 존중을 위해 동물 실험을 멈춰야 한다.	정책	인류의 건강 복지를 위해 해마다 많은 신약이 개발되고 있고 그 과정에서 수많은 동물의 생명이 신약의 생리학적 적합성을 확보하는 데에 쓰인다. 여기에 대해 동물의 생명을 함부로 할 수 없다는 입장과 인류를 위해 어느 정도의 희생은 어쩔 수 없다는 입장이 다르게 나올 수 있다.
독도는 우리 땅이다.	사실	과거 현재에 걸쳐 독도가 우리 땅임을 입증하는 자료를 제시하면 된다.

9) 독서토론과 질문

학문(學問)을 한다고 할 때 가장 기본이 되는 것이 질문이다. 학문의 한자어를 살펴보면 '궁금한 것을 질문하여 터득한 내용을 배운다'는 뜻으로 배움에 있어 기본이 바로 질문이다. 고대 철학자 아리스토텔레스는 학문의 아버지라 불릴 만큼 배우고 익히는 즐거움에 빠졌던 인물이다. 그는 늘 궁금한 것에 대해 4가지의 질문을 했다고 한다. 즉 "이것은 무엇으로 이루어져있을까?", "이것은 무엇을 하는 것일까?", "이것은 왜 만들어졌을까?", "이것이 존재하게 된 이유는 무엇일까?"와 같은 질문들이다. 그는 이러한 질문들을 통해 많은 학문적 업적을 남길 수 있었던 것이다.

10) 독서토론과 발문

발문이란 교사에 의해 이루어지는 것으로 교사가 알고 있는 내용을 그대로 설명하거나 주입하기보다는 학습자의 사고를 자극, 유발하여 새로운 추구나 발견 또는 상상의 확대를 가져오고 발전시켜 나가기 위해서 교사가 직접 유용한 질문을 만들어서 사용하는 제반활동을 의미한다. 이러한 발문에 의해 아이가 인식하지 못했던 것들에 대해 문제의식을 갖도록 돕거나 사고활동을 이끄는 것, 또는 표현이나 활동을 유발하도록 하며, 특히 교사의 발문활동을 통해 학습자가 교사와 같이 질문을 스스로 만들어 활용하여 자신의 지적호기심을 충족해 나갈 수 있도록 하는 데 그 목적이 있다.

발문을 하기 위한 원리로는 첫째, 한 번에 한 가지의 내용을 담은 질문이어야 한다. 한 질문에 여러 가지의 내용을 담으면 답변하기가 쉽지 않으며, 효과적인 답변이 도출되기 어렵기 때문이다. 둘째, 구체적인 내용의 질문이어야 한다. 구체적이지 않으면 보다 심화된 답변을 요구하기 어려우며, 개념적이고 추상적인 답변이 나올 수 있게 되기 때문이다. 셋째, 발문의 목적을 이루기 위해서는 적합한 순서대로 다양한 유형의 질문을 활용하여 답변할 수 있도록 하여야 한다. 책에서 주는 주제를 도출하거나 답변자의 사고를 확장하도록 할 수 있어야 한다.

효과적인 발문을 위한 전략으로서는 답변자가 쉽게 답변을 하고 자신감을 갖도록 궁금증을 유발하는 발문이 되어야 하며, 발문 대상을 다변화하여 사고를 촉진하고 심화시켜야 하며, 교사는 답변자가 발문에 대해 반응하고 적절한 답변이 나올 수 있도록 유도해야 하며, 결국 이러한 발문활동이 답변자 스스로 만들어 갈 수 있도록 모델이 되어야 한다.

독서라는 행위를 매개로 해서 이루어지는 발문은 곧 독서토론과 연결된다. 특히 양서를 탐구하고 분석하는 독서토의에서 이러한 발문은 매우 유용하게 활용될 수 있으며, 또한 찬반양론토론인 독서토론에서도 입론에 대한 교차조사가 질문을 통해서 진행되므로 발문과 독서토론은 매우 밀접한 관계에 있다고 해도 과언은 아니다.

독서토론은 독서한 책의 내용에 대해 토론을 통해 책에 대한 이해를 깊게 할 수 있고, 좋은 책에 대한 정보를 서로 교환할 수 있고, 논리적인 사고력과 의사 표현의 순발력을 기를 수 있다. 또한 다른 사람의 의견을 들어봄으로써 자신의 생각의 옳고 그름을 판단할 수 있으므로 독서토론은 매우 유용한 독후활동의 하나라 할 수 있다.

11) 독서토론과 자기질문

자기질문이란 스스로 질문을 던져보고 그 답을 찾아보는 활동을 의미한다. 독서를 하기 전, 하는 중, 하고 난 후에 이와 같은 자기질문을 통해 지적호기심을 자극하고 초인지 활동과 연결하는 전략이 필요한데 이것을 자기질문전략이라고 한다. 이러한 전략이 읽기능력뿐만 아니라 학습능력, 문제해결능력 등을 키워나갈 수 있다는 연구발표들이 많다.

12) 발문의 유형과 사례

흔히 질문하면 육하원칙을 떠오르게 된다. '언제, 어디서, 누가, 무엇을, 어떻게, 왜'라는 질문을 통해 자신이 알고자 하는 것을 얻으려고 한다. 하지만 실제적으로 이러한 질문을 제대로 활용하지 못하는 것이 사실이다. 특히 아이들은 적절한 질문활용이 서툴 수밖에 없다. 따라서 우선 육하원칙에서 활용되는 질문을 보다 다양하게 활용할 수 있도록 몇 가지 질문의 유형에 대해 살펴보기로 한다.

질문에 대한 답의 위치에 따른 질문유형　　　　　　　　이 유형에서
는 다음과 같이 세 가지 질문으로 구별할 수 있다. 즉 '바로 거기에', '생각하고
찾기', '내 힘으로'의 질문유형이다.

'바로 거기에 질문'은 비교적 간단한 내용을 물으며, 질문하는 답이 질문한
내용 근처에서 찾을 수 있는 질문유형이다. 가령 『꽃들에게 희망을(시공주니
어)』이란 책을 예로 들면 다음과 같다.

> 아주 옛날, 작은 호랑애벌레 한 마리가 오랫동안 아늑한 보금자리가 되어 주었던 알을 깨고
> 나왔습니다…중략…"배가 고픈걸." 이런 생각이 들자, 호랑애벌레는 자기가 태어난 곳인
> 초록빛 나뭇잎을 갉아먹기 시작했습니다…중략… 그러던 어느 날, 호랑애벌레는 먹는 일을
> 멈추고 생각했습니다. "그저 먹고 자라는 것만이 삶의 전부는 아닐 거야. 이런 삶과는 다른
> 무언가가 있을 게 분명해. 그저 먹고 자라기만 하는 건 따분해."

이 지문에서 바로 거기에 질문은 "이 글의 주인공은 누구인가요?(호랑애벌레)",
"호랑애벌레는 무엇을 갉아먹었나요?(초록빛 나뭇잎)", "호랑애벌레는 먹는 일을
멈추고 무엇을 했나요?(생각)"와 같은 질문들이다. 이러한 질문의 답들은 지문
에서 바로 찾을 수 있다.

생각하고 찾기 질문은 앞서 바로 거기에 질문과 비슷하지만 질문의 답이 바
로 같은 문장에 있는 것이 아니라 책의 여러 곳에 답이 존재하는 것을 말한
다. 따라서 책에 대한 이해뿐만 아니라 사고능력을 확인할 수 있는 질문이다.
앞서 언급한 책을 예로 들면 "노랑애벌레는 어떻게 나비가 될 수 있었을까
요?"와 같은 질문을 만들고 그 답은 "늙은 애벌레의 도움으로, 자신의 존재를

깨달아서, 잘못된 허상을 좇는 삶이 무의미해서"와 같은 여러 답들을 책의 여기저기서 찾아낼 수 있다.

　내 힘으로 질문은 독자가 자신의 배경지식이나 경험을 활용하여 추론하거나 유추하여 문제를 해결하는 질문으로 창의적이고 종합적인 사고능력을 키워갈 수 있는 유용한 질문이다. 가령 "애벌레들이 나비가 되는 것이 왜 꽃들에게 희망이 되는 것일까요?", "애벌레들의 기둥을 끝까지 다 올라간 호랑애벌레는 어떠한 생각을 했을까요?", "노랑나비는 호랑애벌레에게 무슨 말을 전해 주려 했을까요?"와 같은 질문이 바로 [내 힘으로 질문]이라 할 수 있다.

대상에 따른 질문유형　　　　　　　이 유형은 어떠한 대상에 대해 질문하느냐에 따라 '사실적 질문', '평가적 질문', '상상적 질문', '분석적 질문', '핵심적 질문', '추가적 질문', '경험적 질문', '관계적 질문', '감각적 질문', '수용적 질문', '과정적 질문', '표현적 질문'으로 나눌 수 있다.

　사실적인 질문은 책 속에 있는 사실을 대상으로 한 답변을 도출하는 질문이다. 단답식이며 책에서 쉽게 답을 찾을 수 있는 질문이다. 앞서의 [바로 거기에 질문]과 비슷한 질문의 유형으로 이해할 수 있다.

　평가적 질문은 주인공이나 책 중 등장인물의 행동이나 생각의 옳고 그름과 같은 가치판단을 대상으로 한 질문으로 어느 것이 옳은가를 판단하게 하여 그것에 대한 평가를 위한 질문이다. 가치판단을 도울 수 있는 질문이며 나아가 비판능력도 만들어 주는 질문이다. 이 평가적 질문을 통해 찬반 토론의 가치논제를 만들어 낼 수 있다.

　상상적 질문은 "그 주인공은 앞으로 어떻게 되었을까요?"와 같이 책 속의

> **다음의 글을 읽고 질문을 만드시오(15개 이상).**
>
> 쇠가 세상에 처음 등장했을 때, 모든 나무들은 두려움에 떨었다. 그러자 하나님께서 나무들에게 말씀하셨다.
> "근심할 것 없도다. 쇠는 너희들이 손잡이를 제공해 주지 않는 한 결코 너희들을 해칠 수 없느니라."

내용을 토대로 상상의 내용을 대상으로 하는 질문을 말한다. 답이 정해져 있지 않고, 무한한 상상력을 시험해 보는 데 좋은 질문이다. 또한 가정하여 질문할 수도 있다.

분석적 질문은 책의 내용을 보다 깊이 있게 사고할 수 있도록 하기 위해 책의 여러 단서들을 대상으로 한 중요한 질문유형 중 하나이며, 하나의 답이 아닌 복수의 답을 요구하는 질문이다. 이해와 더불어 유추능력을 필요로 하는 고도의 지적 질문이다. 이야기 구조의 책인 경우 발단-전개-위기-절정-결말의 순서에 따라 질문을 구성하면 보다 책에 대한 분석이 효과적이다.

핵심적 질문은 책의 주제나 작가의 의도를 대상으로 하는 질문을 말하며, 반드시 독서수업 시 제시되어 아이들과 함께 질문하고 답할 수 있도록 해야 하는 중요한 질문이다. 또한 학습목표와도 관련이 있는 질문이다. 가령 '심청전'을 읽고 학습목표를 심청이의 효에 맞추었다면 "왜 심청이는 인당수에 몸을 던졌을까요?"와 같은 질문을 통해 그 답변이 아이들의 입에서 (효녀여서, 아버지의 눈을 뜨게 하기 위해서, 아버지를 지극히 사랑해서, 희생정신이 있어서)와 같은 답변이 도출되어 학습목표를 이룰 수 있게 돕는 질문이다.

추가적 질문은 앞서 행해진 여러 질문들에 이어서 보다 심층적인 내용을 대상으로 하는 할 수 있는 질문으로서 아이들의 이해범위나 이해도를 추적하

독서토의에서의 대표적인 질문 사례

다음은 쉘 실버스타인의 『아낌없이 주는 나무(시공사)』에서 독서토의에 활용할 수 있는 질문의 예입니다. 특히 앞서 살펴본 질문유형 중 대상에 따른 질문유형을 토대로 만든 질문입니다.

작품에서 바로 답을 찾을 수 있는 사실적 질문
. 이 작품의 작가는 누구인가요?
. 이 책에 등장하는 나무는 무슨 나무인가요?
. 나무가 소년에게 해준 것은 어떤 것들이었나요?

작품내용과 독자자신의 경험을 물을 수 있는 질문
. 여러분은 누군가에게 아낌없이 준 적이 있나요?
. 여러분은 주위에 남을 위해 희생하는 분을 본 적이 있나요?

작품내용을 탐구하고 이해할 수 있는 분석적인 질문
. 어린 시절의 소년과 나무는 왜 행복했을까요?
. 나무는 왜 홀로 있을 때가 많아졌을까요?
. 소년은 성장하면서 왜 나무에게 달라고만 했을까요?
. 나무 밑동뿐인 나무는 왜 소년에게 미안하다고 했나요?

작품내용의 주제를 도출할 수 있는 핵심적인 질문
. 나무는 왜 소년에게 아낌없이 주었을까요?

작품내용의 가치관적 평가를 이끌 수 있는 질문
. 소년이 나무에게 한 행동은 옳은 것일까요? 옳지 않을까요?
. 나무가 소년에게 행한 사랑은 과연 옳은 행동일까요? 아니면 옳지 않은 행동일까요?

작품내용을 근거로 상상해 보거나 추론해 볼 수 있도록 한 질문
. 나무는 모든 것을 소년에게 주었습니다. 밑동만 남은 나무는 그 뒤 어떻게 되었을까요?

작품에서의 등장인물 간의 관계를 생각해 볼 수 있도록 한 질문
. 나무와 소년은 어떤 관계인가요?

작품내용에서 등장인물의 상황에 따른 느낌이나 감각을 느껴볼 수 있도록 한 질문
. 나무는 소년에게 자신의 것을 줄 때 어떤 느낌이었을까요?
. 밑동 위에 앉은 소년은 어떤 느낌이었을까요?

작품내용을 통해 독자들의 생각이나 감정을 살펴볼 수 있도록 한 질문
. 소년의 행동에 대해 어떻게 생각하나요?

작품내용을 근거로 진행된 과정을 살펴볼 수 있도록 한 질문
. 나무는 모든 것을 소년에게 주었습니다. 밑동만 남을 때까지의 과정은 어떻게 진행되었나요?

작품의 언어적 표현을 근거로 하여 작가가 제시하려는 의도나 속뜻을 살펴볼 수 있도록 한 질문
. 나무는 모든 것을 소년에게 주었는데도 계속해서 미안하다고 했는데 왜 나무는 소년에게 미안하다는 표현을 사용했나요?

고, 다양한 시각을 만들어 주는 질문이다. 특히 추가적 질문은 아이들이 답변한 내용에서 추가적으로 질문을 던져 보다 내용을 심화시켜 나갈 수 있다. 가령 "호랑애벌레는 왜 자신의 보금자리에서 내려왔을까?"라는 질문에 대해 "그 이유는 무언가 알고 싶은 것이 있었기 때문이에요."라는 아이의 답변이 있다면 보다 구체화하고 심화시키기 위해 "그렇다면 그 호랑애벌레는 무엇을 알고 싶었을까요?"라고 추가적으로 하는 질문이다.

경험적 질문은 책 속에 있는 내용과 관련한 독자의 경험이나 배경지식을 대상으로 물어볼 때 쓸 수 있는 질문이다. 수업에 집중도를 높이고, 자신감을 불어넣을 수 있는 질문이 되어야 하며, 자연스럽게 책의 내용으로 연결시킬 수 있는 질문이 되어야 한다. "주인공처럼 해본 경험이 있나요?", "~에 대해 알고 있는 것이 있나요?"와 같이 책의 등장인물과 관련한 경험이나 지식을 물어보는 질문이다.

관계적 질문은 책 속에 등장하는 인물이나 사건, 배경 등의 관계를 대상으로 물어보는 질문이다. 가령 "호랑애벌레와 노랑애벌레는 어떤 관계인가요?", "나비가 되는 것과 꽃들에게 희망이 되는 것과 어떤 관련성이 있나요?"와 같

독서토의에서의 대표적인 질문 사례

· 토론자께서는 ~라고 하셨는데, 용어의 뜻을 다시 한 번 분명히 말씀해 주시겠습니까?
· ~은 이런 뜻입니까?
· 그것을 다시 말하면 ~이렇게 받아들여도 되겠습니까?
· 그 자료의 출처는 어디입니까?
· 그 자료는 최근 것이라고 생각하십니까?
· 인용한 자료의 앞 문단을 다시 한 번 읽어주시겠습니까?
· 인용하신 자료가 토론자께서 주장하는 이유와 어떤 연관성이 있는지 다시 한 번 설명해주시겠습니까?

은 질문이다.

감각적 질문은 책 속의 내용에 대해 오감을 대상으로 한 질문으로 느낌이나 분위기를 확인할 때 물어볼 수 있는 질문이다. 가령 "노랑애벌레가 번데기가 되었을 때의 느낌은 어떠했을까요?", "호랑애벌레가 다른 애벌레들을 밟고 기둥 위로 올라갈 때의 느낌은 어떠했을까요?"와 같은 질문이다.

수용적 질문은 독자의 수용적 측면을 대상으로 하는 질문이다. 책의 내용을 어떻게 생각하는지, 어떻게 받아들이는지와 같이 독자의 이해나 인식을 주요 목적으로 한 질문이며, 의견을 물어볼 수 있는 질문이다. 예를 들면 "기둥 위로 올라가는 애벌레들을 어떻게 생각하는가?", "노랑애벌레와 헤어진 후 다시 기둥 위로 올라가는 호랑애벌레의 행동과 관련해서 당신의 생각은 어떠한가?"와 같은 질문이다.

과정적 질문은 책 속의 사건이나 스토리의 흐름이나 과정을 대상으로 한 질문이다. 가령 "애벌레는 어떤 과정으로 나비가 될 수 있나요?", "호랑애벌레는 어떤 과정을 통해 자신의 꿈을 찾을 수 있었나요?" 등의 질문이 가능하다.

표현적 질문은 책 속의 문장이나 글의 표현을 대상으로 한 질문이다. 앞서 제시한 지문을 예로 들면, "'아주 옛날'이란 표현이 갖는 의미는 무엇일까요?", "나뭇잎을 갉아먹었다는 표현말고 다른 표현은 없을까요?"와 같은 질문이다.

사고와 관련한 질문유형　　　　　이 질문유형은 단순히 인지기억적이며 수렴적 사고와 연관하는 '폐쇄적 질문'과 확산적이고 평가적인 질문과 관련한 '개방적 질문'으로 나눌 수 있다.

폐쇄적 질문이란 '언제', '어디서', '누가', '무엇을'과 같이 질문에 대한 답변이 하나가 나오는 질문을 말한다. 사고의 확장보다는 책의 지문이나 자료의 이해를 확고한 인지의 측면에 도움을 줄 수 있는 질문이다.

개방적 질문이란 아이들의 사고를 확장시키고 가치관 형성에 영향을 줄 수 있는 질문으로서 흔히 '어떻게', '왜'와 같은 질문을 활용하여 단답이 아닌 복수의 답을 요구하여 다양한 사고와 창의적, 독창적 사고를 형성하는 데에 도움이 되는 질문이다. 따라서 독서토론 시에 이와 같은 폐쇄적 질문과 개방적 질문을 적절하게 활용하여 다양한 사고능력을 성장시켜 나가도록 해야 한다. 아울러 찬반양론의 독서토론의 경우 입론과 최종변론을 제외하고는 모두 질문과 답변에 의해 자신의 주장을 설득해 나간다. 따라서 이때의 질문, 즉 교차조사 시에는 상대토론자의 논리상에 나타나는 문제를 부각시키는 질문으로 공격할 수 있다. 따라서 상대토론자의 입론을 잘 듣고 이해하여 문제점들을 잘 파악하여 질문을 통해 공격해야 한다. 특히 '~에 대해 어떻게 생각하느냐?'식의 개방적 질문은 상대방이 주어진 시간을 마음대로 요리할 수 있기 때문에 가급적 피하고 '예/아니오'와 같은 단답형 대답을 유도하는 질문이 바람직하다. 또한 질문을 가급적 간결하고 이해하기 쉬운 상태로 제기해야만 상대 토론자는 물론 심사위원들의 혼란을 막을 수 있고 시간도 절약할 수 있다. 이때 모든 질문은 다음 입론이나 최종변론에서 자신의 논점에 유리한 정보를 얻기 위한 목적에서 제기하고 있다는 사실을 염두에 두어야 한다.

이상에서 살펴본 다양한 질문유형을 통해 아이들의 지적 호기심을 자극하고, 스스로 질문하고 답을 찾아가게 하는 능동적 사고훈련이 이루어진다. 또한 이러한 전략은 독해능력뿐만 아니라 학습과 관련한 제반 능력의 성장과 더불어 자신의 인지과정, 인지상태, 사고 과정을 통제하고 점검할 수 있는 초인지능력도 성장, 발전할 수 있도록 해주는 매우 유용한 방법이다. 이러한 질문전략과 연결될 수 있는 매우 유용한 활동이 독서토론이다.

13) 독서토론 교안작성

교안의 의미와 필요성　　　　　　　　교안의 사전적 의미는 학습 지도안, 즉 교과 지도를 위한 계획을 교사가 미리 짜 놓은 것을 말한다. 독서를 매개로 한 다양한 독서활동(독서토론 포함)도 교육활동이므로 교사가 학습 지도안인 교안을 만들어 이를 바탕으로 수업이 이루어져야 한다. 수업을 보다 효율적이며 효과적, 체계적으로 진행할 수 있도록 도와주기 때문에 교사가 소홀히 해서는 안 되는 부분이다.

　교안을 작성할 때 반드시 주의해야 할 사항으로는 첫째, 수업내용을 구체적이고 분명하게 교안에 담아야 한다. 수업대상, 목표, 활동내용, 시간 등 구체적인 내용을 담고 있어야 원하는 수업을 진행할 수 있게 된다. 둘째, 수업을 염두에 둔 실효성 있는 수업내용을 교안에 담아야 한다. 교안이 교안에 머물러서는 안 되며 수업을 전제로 한 교안이 되기 때문에 누구든 이 교안을 갖고 수업할 수 있도록 만들어야 한다. 셋째, 논리성을 갖고 교안을 작성해야 한다. 주먹구구식으로 교안을 작성하는 것이 아니라 순서나 단계에 맞게 적절한 내용이 배치되도록 해야 하며, 가급적 교안양식을 만들어 이에 따라 만들어 가는 것이 효율적인 교안작성이라 할 것이다.

교안은 크게 도입단계, 전개단계, 정리단계로 나눌 수 있다. 도입단계는 학습자와 교사 간에 공통된 기반을 형성하는 단계로서 수업내용에 대한 주의와 관심을 끌도록 배려해야 하며, 수업에 대한 동기를 부여하고, 편안하게 마음을 열고 공유할 수 있도록 하며, 수업내용과 관련한 배경지식을 환기시키는 단계가 되어야 한다.

전개단계에는 본격적으로 주요 수업지도 내용이 다루어져야 하며, 학습자가 자신의 이성을 통해 지도내용을 이해하고 인식할 수 있도록 배려해야 하며, 교사는 이러한 활동을 촉진할 수 있도록 적절한 질문과 설명, 참고자료를 활용해야 한다.

정리단계는 말 그대로 수업한 내용을 학습자의 것으로 만들어 갈 수 있도록 다양한 방법으로 정리할 수 있게 도와주는 단계이다. 특히 수업한 내용을 글로 요약하거나 새롭게 알게 된 것이나 중요한 것을 간단히 메모할 수 있도록 하는 것이 좋다.

실제적으로 책을 선정하여 읽고 이를 활용하여 독서토론 수업을 하기 위해서는 다음과 같은 독서토론 교안을 작성하는 것이 담당교사가 우선적으로 해야 할 활동이다. 특히 질문의 여러 종류와 유형을 최대한 활용해서 교사가 발문하고, 또한 학생들이 스스로 궁금한 내용을 질문하고 그 답을 만들어 가는 활동은 결국 자기질문전략과도 연결되며 지적 호기심을 최대한 이끌어줄 수 있는 매우 유용한 활동이다. 그러면 다음의 독서토론 교안 작성양식을 토대로 독서토론을 위한 수업을 위해 필요한 질문들과 활동들을 살펴보자.

독서토의를 위한 교안 작성

수업목표	(주제를 선정하고 무엇을 아이와 함께 나눌 것인가를 생각하고 정리하여 기재)	준비물	(활동과 관련한 준비물 내역기재)
수업주요 활동단계	주요 활동	시간(분)	비고
도입단계	책 소개, 작가 소개, 독서 퀴즈, 인물.사건.배경소개, 주요 어휘 소개 등의 활동 및 경험적 질문을 활용한 발문 및 토의, 토론		· 수업내용에 대한 주의와 관심을 끌도록 배려 · 수업에 대한 동기를 부여 · 편안하게 마음을 열고 공유할 수 있도록 하는 활동 · 수업내용과 관련한 배경지식을 환기
전개단계	발문을 통한 독서토의, 토론 학습자 스스로 질문 만들기 활동과 토의, 토론 핵심적 질문을 통한 토의, 토론과 학습주제 파악		· 주요 수업지도내용이 다루어져야 함 · 질문과 대답, 발문과 자기질문 전략을 적절히 사용할 수 있도록 지도 · 교사는 사회자로서 적절한 추가적 질문과 참고자료 등을 활용
정리단계	토의, 토론한 내용을 요약하거나 정리할 수 있는 활동(주인공에게 편지쓰기, 독서감상문 쓰기, 자신의 주장을 담은 주장문 쓰기, 내용을 요약, 정리할 수 있는 마인드맵 만들기 등)		· 수업한 내용을 학습자의 것으로 만들어 갈 수 있도록 다양한 방법으로 정리할 수 있게 지도 · 수업한 내용을 글로 요약하거나 새롭게 알게 된 것이나 중요한 것을 간단히 메모할 수 있도록 지도.
평가	학습목표에 맞게 활동했는지 학습자의 상황을 평가항목에 근거하여 평가		· 평가표 작성

· 수업대상을 선정한다. 먼저 누구를 대상으로 몇 명의 인원으로 수업을 할 것인지를 선정해야 한다(ex. 초등학교 0학년 00명을 대상으로 한다).

- 수업대상이 선정되었으면 도서를 선정한다.
- 수업목표를 세운다. 선정한 도서의 내용적인 주제를 무엇으로 할 것인가를 정하여 목표를 세우며, 독서수업을 통해 이루어지는 궁극적 목적을 정해야 한다. 이 목표가 세워지면 세부적인 활동들이 이 목표를 중심으로 진행된다.
- 준비물을 고려한다. 활동지나 필기구와 같이 기본적인 것 외에도 수업활동에 필요한 준비물이 있는지를 잘 살펴보고 준비한다.
- 수업주요활동을 정하고 각 활동에 맞는 시간을 배분해야 한다. 시간을 배분하지 않으면 원하는 시간에 끝내기가 어렵고 비효율적인 수업이 되므로 반드시 시간을 정해놓고 진행하는 것이 좋다. 수업의 주요활동은 도입단계, 전개단계, 정리단계로 이루어지며 평가는 수업 후 교사가 학습자별 평가항목을 만들어 정리한다.
- 도입단계에는 읽을 책에 대한 기본 논점이나 개념을 앞서 안내하거나 특정주제에 대해 학생들의 배경지식이나 사전경험을 묻는 활동, 제목이나 표지를 보면서 내용을 예측하는 등의 활동이 속한다. KWL표와 같이 학생들이 글을 읽기 전에 특정 화제에 대해 알고 있는 것, 알고 싶은 것이 무엇인지 확인할 수 있도록 간단한 틀을 제공해 주며, 다음 상황을 예측할 수 있는 질문을 통해 독서를 하는 중에 내용에 대한 이해를 돕도록 하여야 한다. 특히 인물과 관련한 성격분석, 행동비교 등을 통해 독서 중에 보다 효과적인 활동을 도울 수 있다.
- 전개단계에는 본격적으로 교사가 발문한 질문과 더불어 학습자 스스로 발문하고 답변할 수 있도록 자기질문전략을 적절하게 활용해서 책의 내

용을 객관적이고 분석적으로 이해할 수 있도록 도와야 하며, 아울러 자신만의 생각이나 비판적이고 창의적인 사고를 제고할 수 있도록 토론활동이 이루어져야 한다.

· 정리단계는 토론을 통한 생각들을 다양한 글쓰기 활동으로 연결시켜 생각을 정리할 수 있도록 돕는 단계로서, 주인공에게 자신의 생각을 담은 편지쓰기나 독서감상문, 문제점과 해결방안에 대한 논술문 작성, 마인드맵을 이용한 책의 내용 정리 등 다양한 활동을 들 수 있다.

· 활동이 모두 끝나면 평가를 한다. 수업에 참여한 아이들의 상황을 평가 기준에 맞추어 평가하고 장단점과 발달현황, 문제점 등을 정리한다.

· 독서토론 활동을 위한 활동지를 활용한다. 교안이 만들어지면 이를 바탕으로 활동지를 만들어 책을 읽고 온 아이들에게 나누어 주어 토론활동에 들어가는 것이 좋다. 활동지의 장점은 글쓰기 종이나 스케치북 등 별도의 준비물을 준비하지 않아도 되고, 시간의 배분이 적절하며, 토론 질문이나 글쓰기 주제 등을 적어놓았기 때문에 그것에 맞게 활용할 수 있고, 후에 이 활동지는 파일로 보관함으로써 독서이력철로 활용할 수 있다는 것이다.

독서토론(CEDA토론을 중심으로)을 위한 교안 작성

수업대상	(도서 및 논제에 맞는 수업대상을 선정하며, 인원은 긍정, 부정 각 2명으로 선발)	도서명	토론에 필요한 도서명 기재
수업목표	(학습목표를 정하고 이와 관련한 논제를 선정하고 기재)	준비물	(활동과 관련한 준비물 내역기재)
수업주요 활동단계	주요 활동	시간(분)	비고
도입단계	사회자가 토론자들에게 논제와 쟁점 등과 관련한 사항을 전달하며, 긍정과 부정 각 토론자를 소개하고, 토론에 대한 규칙이나 전개방식에 대해 소개		· 토론방식에 대해 설명 · 토론전개단계에서의 규칙과 평가항목에 대해 설명
전개단계	입론과 교차조사를 통한 토론		· 사회자가 시간을 적절하게 지킬 수 있도록 리드 · 논제나 쟁점 외의 토론으로 흐를 때에 적절하게 차단
정리단계	작전 타임 및 최종변론을 통해 긍정 및 부정의 입장을 정리하여 발표		· 작전타임을 적절히 활용하도록 지도 · 최종변론을 통해 각 측의 최종입장을 잘 정리할 수 있도록 지도
평가	평가항목에 따라 평가		· 평가표 작성

· 독서토론수업의 대상을 선정한다. 긍정 2명, 부정 2명을 선발하며, 나머지 학생들은 참관토록 배려한다.
· 수업대상이 선정되었으면 논제를 선정한다. 논제와 관련한 적절한 도서를 선정해서 토론자들에게 읽고 그것을 논거로 활용할 수 있도록 지도한다.

· 수업목표를 세운다. 선정한 도서 및 논제를 통해 이루어지는 궁극적 학습목표를 정해야 한다.

· 준비물을 고려한다. 책상 배열, 스톱워치, 토론순서도 등 토론수업활동에 필요한 준비물을 잘 살펴보고 준비한다.

· 토론단계에 맞는 시간을 배분해야 한다. 정해진 시간을 초과하지 않도록 교사는 사회자로서의 역할을 해야 한다.

· 사회자는 각 단계별로 적절하게 개입하되 흐름을 깨트리거나 자신의 의견이나 생각을 주장해서는 안 되며 어느 한쪽으로 치우지지 않도록 배려해야 한다.

· 활동이 모두 끝나면 평가를 한다. 평가항목에 따라 평가하되 교사뿐만 아니라 참관한 학생들에게도 평가를 할 수 있도록 해서 보다 객관적인 평가가 이루어질 수 있도록 한다.

· 찬반양론식 독서토론의 경우 특별히 활동지를 만들지 않아도 된다. 다만 각 팀별 자료를 준비하게 하거나 메모가 가능한 노트나 종이를 활용할 수 있도록 해서 자신의 주장이나 다른 팀의 토론자가 질문하거나 주장한 내용을 적을 수 있도록 배려한다.

14) 교안 작성사례

독서토의를 위한 교안 작성사례

수업대상	중학교 1학년 3명	도서명	『아빠에게 돌 던지는 아이』(고정욱 지음/중앙출판사)
수업목표	1. 장애인에 대한 차별과 편견에 대해 생각해 본다. 2. 이기심을 버리고 배려와 사랑을 느낄 수 있도록 생각해 본다.	준비물	활동지, 도서, 필기도구 등

수업주요 활동단계	주요 활동	시간(분) 60분	비고

도입단계	· 책과 작가에 대한 소개
	· 역할극을 통한 주인공의 심정 이해
	· 경험적 질문을 활용한 발문 및 토의, 토론
	  1. 여러분도 청각장애인을 본 적이 있나요?
	  2. 여러분도 돌을 던져본 적이 있나요?
		10분	

전개단계	· 발문을 통한 독서토의, 토론
	  1. 행문리 마을사람들은 왜 철우네가 오는 것을 탐탁치 않게 생각했나요?
	  2. 철우는 왜 아빠에게 돌을 던졌나요?
	  3. 철우는 왜 돌 던지는 연습을 하였나요?
	  4. 자신의 돌팔매로 새가 죽자 왜 철우는 충격을 받았나요?
	  5. 아빠는 왜 쓰러지셨나요?
	  6. 아이들은 왜 철우를 왕따시켰나요?
	  7. 선생님은 왜 할아버지가 공을 치도록 했나요?
	· 학습자 스스로 질문 만들기 활동과 토의, 토론
	· 핵심적 질문을 통한 토의, 토론과 학습주제 파악
	  1. 흰머리 할아버지는 왜 철우네 가족을 마을에서 쫓아내지 않았나요?
		35분	

정리단계	· 토의, 토론한 내용을 요약하거나 정리할 수 있는 활동 1. 장애인이라고 마을에서 내쫓으려고 한 마을사람들에게 해주고 싶은 말을 생각해 보고 글로 써보세요.	15분	
평가	학습목표에 맞게 활동했는지 학습자의 상황을 평가항목에 근거하여 평가		· 평가표 준비

독서토론(CEDA토론을 중심으로)을 위한 교안 작성사례

수업대상	초등학교 6학년 4명(긍정 2명, 부정 2명)	도서명	『마지막 왕자 (강숙인 지음/ 푸른책들)』
수업목표	논제: 경순왕이 신라를 고려에게 넘긴 것은 옳은가? 1. 신라시대의 역사에 대해 생각해 본다. 2. 경순왕의 입장과 마의태자의 입장을 생각해 본다. 3. 토론을 통한 지식배양과 논리적 사고 및 비판의식을 키운다.	준비물	자료 및 메모지, 스톱워치, 벨, 토론순서도 등
수업주요 활동단계	주요 활동	시간(분) 71분	비고
도입단계	· 사회자가 토론자에게 논제와 쟁점 등과 관련한 사항을 전달하며, 긍정과 부정 각 토론자를 소개하고, 토론에 대한 규칙이나 전개방식 등에 대해 소개 1. 지금부터 독서토론을 시작하겠습니다. 2. 이번 토론의 주제는 "경순왕이 신라를 고려에게 넘긴 것은 옳은가?" 입니다. 3. 토론진행은 긍정측 첫 번째 토론자의 입론 및 부정측 두 번째 토론자의 교차조사, 부정측 첫 번째 토론자의 입론 및 긍정측 두 번째 토론자의 교차조사, 긍정측 두 번째 토론자의 입론 및 부정측 첫 번째 토론자의 교차조사, 부정측 두 번째 토론자의 입론 및 긍정측 첫 번째 토론자의 교차조사, 그리고 부정측 첫 번째 토론자의 최종변론, 긍정측 첫 번째 토론자의 최종변론, 부정측 두 번째 토론자의 최종변론, 긍정측 두 번째 토론자의 최종변론 순서로 진행됩니다. 4. 긍정측 토론자와 부정측 토론자 소개해주시기 바랍니다. 5. 그럼 긍정측 첫 번째 토론자의 입론으로 시작하겠습니다. 정해진 시간을 지켜 주시기 바랍니다.	5분	

전개단계	· 입론과 교차조사를 통한 토론 1. 긍정측 첫 번째 토론자의 입론 2. 부정측 두 번째 토론자의 교차조사 3. 부정측 첫 번째 토론자의 입론 4. 긍정측 두 번째 토론자의 교차조사 5. 긍정측 두 번째 토론자의 입론 6. 부정측 첫 번째 토론자의 교차조사 7. 부정측 두 번째 토론자의 입론 8 긍정측 첫 번째 토론자의 교차조사	3분 8분 3분 8분 3분 8분 3분 8분	
정리단계	· 작전 타임 및 최종변론을 통해 긍정 및 부정측의 입장 을 정리하여 발표 작전타임 1. 부정측 첫 번째 토론자의 최종변론 2. 긍정측 첫 번째 토론자의 최종변론 3. 부정측 두 번째 토론자의 최종변론 4. 긍정측 두 번째 토론자의 최종변론	10분 3분 3분 3분 3분	
평가	평가항목에 따라 평가		· 평가표 작 성

15) 독서토론 실제사례

독서토의의 대화, 문답사례

대상작품: 『아빠에게 돌 던지는 아이(고정욱 지음 / 중앙출판사)』
대상학년: 초등학교 6학년
사회자: 배철우
토론참석자: 윤영하, 서준우, 노두성

　사회자: 다음의 대화를 역할을 맡아 읽어보고, 철우는 무엇이라고 말하거나 생각했는지를 발
　　　　표해 보세요.

흰머리 할아버지: 에헴, 에헴! 우리 마을이 생긴 지 삼백 년 이래 손가락 하나, 머리털 한 터럭 이상한 사람이 나온 적이 없소. 그런데 갑자기 외지 사람이, 그것도 벙어리가 허락도 없이 마을에 들어와 살다니, 있을 수 없는 일이야!

노인 1: 암, 그렇고말고…….

노인 2: 작년엔가 회곡리에 장애인 복지관인가 뭔가 들어온다고 해서 땅값 떨어진다고 데모하고 난리였잖아.

노인 3: 그리고 그 복지관 들어온 뒤로 홍수 때 산사태 나서 그 동네 사람 하나 물에 떠내려간 건 어떻고?

노인들: 맞아, 맞아.

흰머리 할아버지: 게다가 이 집은 우리 마을을 처음으로 일군 김충성 공 집안사람들이 살던 유서 깊은 종갓집이오. 여기에 어떻게 외지 사람이 살 수 있단 말이야.

철우엄마: 어르신들, 저희들 절대로 이웃에 해 끼치지 않고 살겠습니다. 도와주세요. 저희는 이 집에서 나가면 갈 곳이 없습니다. 제발 살려주세요. 여기에 농사지으러 왔습니다.

사회자: 잘 읽었어요. 그럼 빈칸으로 되어 있는 철우의 대사는 무엇일까요? 생각해 보고 발표해 보세요.

철우:

윤영하: 맞아요. 우리가 여기 와서 나쁜 짓 하는 것도 아니잖아요.

서준우: 장애가 있어도 아무런 피해를 끼치지 않을 수 있어요. 그러니 여기서 살게 해 주세요.

노두성: 제발 도와주세요.

사회자: 여러분도 청각장애인을 본 적이 있나요?

윤영하: 우리 반에 청각장애를 가진 친구가 있어요.

사회자: 선생님의 말씀을 들을 수 있나요? 수업진행이 어려울 텐데.

윤영하: 완전히 못 듣는 것이 아니라 보청기를 끼면 어느 정도는 들을 수 있나 봐요. 친구들의 목소리도 아주 가깝게 다가가서 말해야만 알아들을 수 있어요.

사회자: 그 친구가 어떤 어려움을 가질 것 같은가요?

윤영하: 좋아하는 음악이나 영화를 보는 것이 어려울 것 같아요.

사회자: 준우도 청각장애인을 본 적이 있나요?

서준우: 영하가 말한 아이를 저도 본 적이 있고요, 다른 사람으로는 책에서 읽은 베토벤을 들 수 있어요.

사회자: 베토벤이 어떤 어려움이 있었는지 알고 있나요?

서준우: 작곡가로서 또한 음악가로서 갑자기 귀가 들리지 않게 되었을 때 너무나 큰 충격이었을 것 같아요. 하지만 그럼에도 자신만의 음악세계를 계속 걸어갔다는 것이 정말 대단한 것 같아요.

사회자: 아무리 장애를 갖고 있더라도 충분히 이겨낼 수 있다는 거군요. 준우도 만일 그런 일이 벌어진다면 어떻게 대처할 거라고 생각하나요?

서준우: 처음에는 큰 충격을 받겠지만 저도 이겨낼 거라고 생각해요. 전 의지가 강하거든요.

사회자: 그렇군요. 그럼 두성이는 청각장애인을 본 적이 있나요?

노두성: 저는 아직 직접 청각장애인을 본 적은 없고요 저도 준우처럼 책에서 청각장애를 가진 위인을 알고 있어요.

사회자: 그 위인이 누구인가요?

노두성: 헬렌 켈러예요. 헬렌 켈러는 청각장애뿐만 아니라 시각장애도 가져서 아마 더 힘들지 않았나 생각이 되요. 그런 헬렌 켈러를 훌륭하게 이끌어낸 설리번 선생님이 대단하신 것 같아요.

사회자: 두성이는 설리번 선생님의 입장이라면 어떻게 했을 것 같나요?

노두성: 아마 저는 포기하지 않았을까 생각해 봐요. 그래서 설리번 선생님이 더욱 대단하신 것 같아요.

사회자: 책과 관련해서 몇 가지 발문을 통해 책에 대해 보다 이해를 넓혀가도록 해요. 우선 첫 번째 질문으로 행문리 마을 사람들은 왜 철우네가 이 마을로 오는 것을 탐탁지 않게 여겼나요?

윤영하: 철우 아빠가 장애를 가졌기 때문이에요.

사회자: 장애를 가졌는데 왜 이 마을에 오지 못하게 한 것이죠?

윤영하: 마을사람들의 잘못된 고정관념이 아닐까 생각되어요. 흔히 장애인에 대한 차별이나 겉모습만 보고 사람을 낮게 평가하는 그런 잘못된 편견이 그런 행동으로 이어진 것이 아닌가 생각됩니다.

서준우: 저는 지역이기주의 때문에 그렇다고 생각해요. 흔히 님비현상과 같이 혐오시설을 자신의 지역에 오지 못하게 하는 것과 비슷한 것 같아요.

사회자: 님비현상이 무엇인지 정확하게 말해 줄 수 있나요?

서준우: not in my back yard의 줄임말로 혐오스런 시설이나 기관을 자신의 지역에 오지 못하게 하는 것을 지칭하여 지역이기주의를 대표하는 말입니다.

사회자: 정확하게 알고 있군요. 앞서 역할을 맡아 읽었던 내용에서도 비슷한 지역 이기주의적 사고를 가진 노인의 말이 생각나네요.

노두성: 영하와 준우의 의견에 동의합니다. 좀더 제 생각을 덧붙이면 이 마을사람들은 배려보다는 자신을 먼저 생각하고 사랑을 주려는 마음은 없는 것 같아요. 특히 겉만 보고 사람을 판단하는 면이 좋지 않은 것 같아요.

사회자: 다들 좋은 의견을 말해 준 것 같아요. 그럼 두 번째 질문을 해볼게요. 철우는 왜 아빠에게 돌을 던졌나요?

서준우: 아빠는 듣지 못하는 장애인이니까 자신이 온 것을 알리기 위해 돌을 던졌어요.

사회자: 그래도 아빠에게 돌을 던지는 것은 위험하지 않을까요?

서준우: 아빠에게 돌을 던진 것이 아니라 아빠 주변에 돌을 던져 자신이 온 것을 알리기 위한 것입니다.

사회자: 직접 아빠한테 가서 알려도 되지 않을까요?

윤영하: 시간을 벌기 위해 돌을 던진 것이라고 생각합니다. 왜냐하면 아빠가 일하는 곳까지 가려면 많은 시간이 들고 효율성이 떨어지기 때문이죠.

노두성: 제가 철우라 해도 그렇게 했을 것 같아요. 매번 아빠한테 밭 안쪽까지 가는 것도 무리

가 있다고 생각해요.

사회자: 하지만 남들이 겉으로 볼 땐 오해를 살 만하겠는데요?

노두성: 말씀을 들어보니 귀찮더라도 직접 부르러 가는 것이 나을 수 있겠네요.

사회자: 그렇다면 철우는 왜 돌 던지는 연습을 하였나요?

윤영하: 아빠를 맞추지 않기 위해서입니다.

서준우: 야구에서도 제구력을 갖기 위해 훈련하는 것처럼 영하 말처럼 아빠를 맞추지 않기 위해 제구력을 쌓기 위해서라고 생각됩니다.

노두성: 그만큼 철우는 아빠를 사랑하기 때문이라고 생각되네요.

사회자: 철우는 자신의 돌팔매로 새가 죽자 왜 큰 충격을 받았나요?

노두성: 철우의 성격은 순수하고 착해서 자신의 행동에 죄책감을 느꼈을 것 같아요.

서준우: 특히 자신의 손에 생명을 잃게 한 것이 어린 철우의 마음에 아픔을 주지 않았나 생각됩니다.

윤영하: 준우 말처럼 철우는 생명을 소중히 여기는 마음이 있는 것 같아요. 특히 지금까지 피해를 입고 살았던 철우의 경험이 오히려 남에게 피해를 준 행동을 받아들이기 어려웠을 것이라고 생각해요.

사회자: 여러분들도 혹시 철우처럼 곤충이나 동물의 생명을 해한 적이 있나요?

노두성: 초등학교 저학년 때 잠자리나 개미를 죽여본 적이 있어요.

윤영하: 저는 파리나 모기 같은 해충을 모기약 같은 것으로 죽였어요. 〈웃음〉

서준우: 확실히는 기억나지 않지만 저도 비슷한 경험을 한 것 같아요. 하지만 죄책감을 느낄 만큼은 아닌 것 같아요.

사회자: 밭에서 일하시던 아빠는 왜 쓰러지셨나요?

윤영하: 철우가 던진 돌에 머리를 맞아 쓰러지셨어요.

노두성: 돌에 맞은 것도 어느 정도는 영향이 있겠지만 머릿속에 자라고 있던 뇌종양의 영향이 아닐까 생각됩니다.

서준우: 영하와 두성이의 말처럼 철우의 돌에 맞기는 했지만 쓰러질 정도의 피해를 준 것은 뇌종양 때문이라고 생각합니다. 어찌 되었던 돌과 뇌종양 모두 영향을 준 것이 아닐까 생각해요.

사회자: 만일 철우가 아빠를 맞추지 못했다면 어떻게 되었을까요?

서준우: 오히려 전화위복이 된 것 같아요. 만일 그랬다면 뇌종양을 초기에 발견하지 못해 치료할 시기를 놓칠 수도 있잖아요.

노두성: 맞아요. 철우의 아빠가 더 큰 위험에 처하게 될 뻔했어요.

사회자: 그럼 철우가 아빠에게 돌을 던진 것과 잘못해서 아빠를 맞춘 일은 결과적으로 잘한 일이라고 생각하나요?

윤영하: 하지만 뇌종양이 없을 경우라면 철우가 큰 실수를 한 것도 사실이므로 철우에게도 잘못은 있다고 생각합니다.

사회자: 철우의 행동에도 문제가 있다고 생각하는 것인가요?

윤영하: 악한 감정으로 아빠에게 돌을 던진 것은 아니므로 일종의 실수로 여길 수 있습니다. 누구나 실수를 할 때가 있으니 문제로 삼지는 않는 것이 나을 것 같아요.

사회자: 그럼 학교의 아이들은 왜 철우를 왕따 시켰나요?

서준우: 아이들은 철우의 돌을 던지는 겉모습만 보고 판단했기 때문입니다.

윤영하: 철우를 이해하기보다는 겉에 드러난 결과만 보고 그런 행동을 한 것 같아요.

노두성: 솔직히 어른들처럼 아이들도 편견을 갖고 있다고 생각이 들어요. 외부에서 온 장애를 가진 아버지를 둔 가난한 철우를 순수한 마음으로 받아들이지 못하는 것 같아요.

사회자: 여러분 같으면 철우를 왕따 시켰을까요?

윤영하: 글쎄요. 답하기는 쉽지 않지만 아마도 왕따 시키지는 않았을 것 같아요. 그래도 저는 장애인을 이상한 눈으로 보지는 않으니까요.

노두성: 저도 어릴 적에는 장애를 가진 사람을 나와 다르다고 생각했지만 지금은 그렇지 않아요. 특히 저희 반에 장애를 가진 친구가 있는데 그 친구를 통해 그런 선입견이 사라진 것 같아요.

서준우: 만일 제가 철우의 속모습을 보지 못했다면 저도 철우네 반 아이들처럼 철우를 왕따 시켰을지도 모르겠어요.

사회자: 그럼 선생님은 왜 할아버지가 공을 치도록 했을까요?

서준우: 그래야만 할아버지의 마음을 바꿀 수 있을 것으로 생각했기 때문이에요.

사회자: 어떻게 할아버지는 공을 치고 나서 마음을 바꿀 수 있게 되었나요?

서준우: 철우의 공을 직접 느끼게 해서 철우의 재능을 스스로 느껴보도록 한 것이지요.

윤영하: 할아버지의 자존심을 꺾지 않고 철우네를 도울 수 있도록 한 매우 현명한 생각이었던 것 같아요.

노두성: 할아버지도 야구를 하실 줄 아는 분이니까 철우의 야구적 재능을 하나의 공통점으로 연결해서 마음의 문을 열게 한 것 같아요.

윤영하: 선생님은 참 현명하고 지혜로운 분 같아요.

사회자: 그럼 선생님의 어떤 점이 지혜롭다고 생각하나요?

윤영하: 억지로 강요하기보다는 스스로 깨닫게 하는 점이 그런 것 같아요.

서준우: 서로의 자존심을 건드리지 않고 배려할 수 있게 만든 점이요.

노두성: 공통점을 찾아 연결통로로 만든 점이 선생님의 좋은 점 같아요.

학생들의 자기질문방법에 의한 독서토의, 토론활동

사회자: 이상으로 선생님이 준비한 발문이 모두 마무리 되었어요. 그럼 이제는 여러분이 질문을 만들어서 서로 토론해 보는 시간을 가져봅시다.

서준우: 저는 "왜 선생님은 철우에게 또다시 직구를 던지라고 하였을까요?" 라는 질문을 만들어보았어요.

윤영하: 저는 "왜 아버지는 노인들에게 따지지 않았을까?" 라고 질문을 만들었어요.

노두성: 저는 선생님이 준비한 발문과 비슷한 질문인데 "왜 마을사람들은 장애인인 철우네 가족을 좋아하지 않았을까요?" 라고 만들었어요.

사회자: 두성이 질문은 앞서 첫 번째로 토론해 본 질문내용과 비슷해서 준우와 영하가 만든 질문을 갖고 토론해 보아요. 먼저 준우가 만든 "왜 선생님은 철우에게 또다시 직구를 던

지라고 하였을까요?" 라고 했을까?

노두성: 할아버지가 쉽게 공을 칠 수 있게 하기 위해서예요. 그래야 할아버지가 자존심을 상하지 않고 철우네를 받아들일 수 있게 되기 때문이에요.

윤영하: 철우가 갖고 있는 야구재능을 할아버지가 느낄 수 있도록 배려한 것이기도 해요.

사회자: 그렇군요. 그럼 영하가 만든 질문으로 토론해 봅시다. "왜 아버지는 노인들에게 따지지 않았을까?"

서준우: 철우의 아빠는 웃어른을 공경하고 공손한 성격을 가졌기 때문이에요.

노두성: 듣지 못하기 때문에 그럴 수 있다고 봅니다. 노인들의 표정만 읽고 따지거나 대들지는 못하지 않을까 생각이 들어요.

사회자: 좋은 답변인 것 같습니다. 그럼 이 책에서 가장 핵심적인 질문을 갖고 토론해 봅시다. 흰머리 할아버지는 왜 철우네 가족을 마을에서 쫓아내지 않았나요?

서준우: 제 생각으로는 철우네 가족에 대해 마음의 문을 열었기 때문이라고 생각해요.

노두성: 저는 선생님의 역할이 매우 크지 않았나 싶어요.

사회자: 선생님의 어떤 역할이 크게 작용했다고 생각하나요?

노두성: 흰머리할아버지의 자존심을 살려 주면서도 철우의 재능을 알게 한 점이 그런 것 같아요.

사회자: 그렇군요. 그럼 또 다른 답변은 없나요?

윤영하: 아마도 흰머리 할아버지는 자신이 갖고 있던 편견을 깨고 철우네 가족의 속마음을 볼 수 있게 되었기 때문이라고 생각됩니다.

서준우: 맞아요. 장애가 있어도 자신들과 다르지 않다는 것을 깨닫지 않았나 생각이 들어요.

사회자: 그럼 이 책이 주는 작가의 메시지 혹은 주제는 무엇이라고 생각하나요?

서준우: 저는 장애인이라고 차별해서는 안 된다는 것이라고 생각해요. 이를 위해 이기적인 마음을 버려야 한다는 연관된 주제를 함께 말하고 싶어요.

노두성: 저는 고정관념이나 편견을 버리자는 것을 들고 싶어요. 장애인과 같은 사회적 약자에 대한 잘못된 생각들이 아직도 남아 있다고 생각이 되요.

윤영하: 저는 이 책의 선생님을 통해 얻은 주제인데요, 올바른 판단력과 대처법을 기르자는 것이에요. 선생님의 지혜가 아니었다면 철우네는 이 마을에서 살기 어려웠을 거예요.

사회자: 좋습니다. 그럼 마지막으로 여러분이 마을사람의 일원이라고 상상하고, 객관적인 입장에서 마을사람들에게 해주고 싶은 말을 떠올려보고 발표해보기로 해요.

노두성: 제가 먼저 발표하겠습니다. 여러분! 제 말씀을 들어보세요. 여러분이 말하듯이 장애인이 마을에 들어왔다고 재앙이나 나쁜 일이 일어나는 것은 아닙니다. 아무런 과학적 근거가 없는 잘못된 편견일 뿐입니다. 무조건 장애인은 안 된다고 하는 잘못된 편견을 버려주시고 철우네 가족을 받아 주셨으면 합니다.

서준우: 저는 어르신들이 장애인에 대해 고정관념을 갖고 차별하는 것은 올바르지 않다고 생각합니다. 어른들은 우리 아이들에게 장애는 나쁜 것이 아니라 단지 우리보다 좀 더 어렵게 살아가는 사람이라고 가르쳐왔습니다. 그러나 어르신들은 말로만 가르치고 행동으로는 실천하지 않았습니다. 제가 볼 때는 너무나 이기적인 생각을 갖고 있기 때문이라고 생각합니다. 정상인들이 더욱 돌보고 감싸 주어야 할 장애인들과 함께 더불어

사는 세상이 더 아름다운 것입니다. 이제부터라도 어르신들께서 장애인에 대한 고정관념을 버리고 항상 누구에게나 열린 마음으로 대해 주었으면 좋겠습니다.

윤영하: 저는 최근에 우리 마을로 이사 온 철우네를 내쫓지 말았으면 합니다. 우선 우리에게 아무 잘못도 저지른 것이 없고 우리와 조금 다르다는 이유만으로 내쫓으려 하는 것 자체가 잘못된 것이라고 생각합니다. 이제는 이런 고정관념이 당연히 사라져야 한다고 생각하며, 우리 마을에서부터 먼저 사라져야 한다고 생각합니다. 게다가 철우는 야구에 타고난 재능이 있고, 이러한 재능은 우리 마을에 힘이 될 수도 있습니다. 이렇게 내쫓을 이유조차 없고, 오히려 우리에게 도움이 되기까지 하는 철우네를 더 이상 내쫓으려 하지 말고 우리 마을의 일원으로 받아들여 주었으면 좋겠습니다.

사회자: 모두 좋은 내용의 발표였습니다. 두성이는 과학적 근거 없는 편견을 없애자는 주장이고, 준우는 이기심을 논거로 들어 마을주민들에 대한 잘못을 지적하였고, 영하는 재능 있는 철우를 통해 오히려 우리 마을을 빛낼 수 있다는 사실로 설득하였습니다. 이렇게 설득하기 위해서는 적절한 주장과 논거가 뒷받침되어야 합니다. 모두 수고했습니다. 다음 독서토론을 위한 책은 OOO입니다. 반드시 2번 이상 읽고 오기 바랍니다.

독서토론(CEDA식 토론)의 대화, 문답사례

대상작품: 『마지막 왕자(강숙인 지음 / 푸른책들)』
대상학년: 초등학교 6학년
사회자: 배철우
토론참석자: 초등학교 6학년 4명 (긍정측 2명, 부정측 2명)
논제: 경순왕이 신라를 고려에게 넘긴 것은 옳은가?
긍정측: 경순왕의 판단은 옳다. 마의태자의 판단이 옳지 않다.
부정측: 경순왕의 판단은 옳지 않다. 마의태자의 판단이 옳다.

사회자: 지금부터 독서토론을 시작하겠습니다. 이번 토론의 주제는 "경순왕이 신라를 고려에게 넘긴 것은 옳은가?"입니다. 토론진행은 긍정측 첫 번째 토론자의 입론 및 부정측 두 번째 토론자의 교차조사, 부정측 첫 번째 토론자의 입론 및 긍정측 두 번째 토론자의 교차조사, 긍정측 두 번째 토론자의 입론 및 부정측 첫 번째 토론자의 교차조사, 부정측 두 번째 토론자의 입론 및 긍정측 첫 번째 토론자의 교차조사 그리고 부정측 첫 번째 토론자의 최종변론, 긍정측 첫 번째 토론자의 최종변론, 부정측 두 번째 토론자의 최종변론, 긍정측 두 번째 토론자의 최종변론 순서로 진행됩니다. 그럼 먼저 긍정측 첫 번째 토론자의 입론이 있겠습니다. 진행시간은 O분입니다. 시작하세요.

긍정측 첫 번째 토론자의 입론: 패할 것이 분명한 싸움은 하지 말아야 합니다. 많은 희생자가 생기는 비참하고 끔찍한 전쟁이 되기 때문에 피하는 것이 상책입니다. 그리고 왕 하나만 살겠다는 것이 아니라 많은 백성을 살릴 수 있는 길이기 때문입니다.
사회자: 다음은 부정측 두 번째 토론자의 교차조사가 있겠습니다. 진행시간은 ○분입니다.

부정측 두 번째 토론자의 교차조사:
문: 왕의 정의는 무엇입니까?
답: "나라에 으뜸이 되는 사람"이라는 사전적 의미 그대로입니다.
문: 왕의 역할은 무엇입니까?
답: 나라를 잘 이끌어가고 국민을 보호하는 국가 지도자를 의미합니다.
문: 그렇다면 경순왕이 자신의 나라인 신라를 고려에게 싸우지도 않고 바친 것은 나라를 잘 이
    끌어가지 못한 왕의 역할을 저버린 것이 아닙니까?
답: 왕의 역할 중에서 국민을 보호해야 하는 것도 포함되므로 싸울 수 없는 빈약한 상태에서
    막강한 힘을 가진 고려와 싸우지 않는 것은 국민의 안전을 위한 왕의 올바른 선택입니다.
문: 나라 없는 국민은 없는 것 아닙니까?
답: 국민은 살아 있는 생명이고 나라는 이러한 국민이 존재해야만 나라를 성립하므로 국민의
    생명과 존재가 우선입니다.
문: 그렇다면 힘이 없거나 실력이 없으면 상대에게 무조건 포기를 해야 한다는 뜻입니까?
답: 그것은 너무 확대해석입니다. 지금 상황은 막강한 고려군에게 싸울 힘조차 키우지 못한 신
    라군의 입장에서만 보아야 합니다.
사회자: 이번에는 부정측 첫 번째 토론자의 입론이 있겠습니다. 진행시간은 ○분입니다.

부정측 첫 번째 토론자의 입론: 한 나라를 책임지려면 용기가 있어야 합니다. 끝까지 싸워보지
                              도 않고 포기하는 것은 왕으로서 수치스러운 일입니다. 지금은
                              비록 힘이 약하다고 하나 산속에서 군사를 길러 힘을 모으면 신
                              라를 지킬 수도 있었을 것입니다.
사회자: 다음은 긍정측 두 번째 토론자의 교차조사가 있겠습니다. 진행시간은 ○분입니다.

긍정측 두 번째 토론자의 교차조사:
문: '용기'라는 말의 의미를 아십니까?
답: 물론입니다. '씩씩하고 굳센 기운이며, 사물을 겁내지 않는 기개'란 뜻입니다.
문: 그렇다면 '무모함'의 말의 의미를 아십니까?
답: '앞뒤를 헤아려 깊이 생각하는 신중성이나 꾀가 없다'는 의미입니다.
문: 왕으로서 막강한 고려군에게 자신의 백성들을 내모는 것은 무모한 행동이 아닙니까?
답: 아닙니다. 용기라고 생각합니다.
문: 산 속에서 군사를 길러 힘을 모으면 신라를 지킬 수도 있었다고 했는데 현실적으로 가능합
    니까?
답: 2차 세계대전 당시에 프랑스에서는 레지스탕스의 활약이 프랑스를 되찾는 데 큰 역할을
    하였습니다. 이처럼 신라도 군사를 길러 나라를 지킬 수 있는 것입니다.

문: 프랑스가 다시 나라를 되찾은 것은 레지스탕스의 활약도 있었지만 미국과 같은 연합국의 역할이 더 크다는 사실을 아십니까?

답: 인정합니다.

사회자: 다음은 긍정측 두 번째 토론자의 입론이 있겠습니다. 진행시간은 O분입니다.

긍정측 두 번째 토론자의 입론: 일단 항복했다가 나중에 기회를 보아서 다시 나라를 되찾으면 될 것입니다. 또한 왕의 체면을 생각하면 끝까지 싸워야하겠지만 체면보다는 당장 사라질 생명을 구해야 하기 때문에 왕으로서도 어쩔 수 없는 선택이었습니다.

사회자: 다음은 부정측 첫 번째 토론자의 교차조사가 있겠습니다. 진행시간은 O분입니다.

부정측 첫 번째 토론자의 교차조사:

문: '길고 짧은 것은 대보아야 안다'는 속담을 알고 있습니까?

답: 잘 알고 있습니다.

문: 고려군과 길고 짧은 것을 대볼 수 있는 기회조차 갖지 않은 것은 왕으로서의 나약함과 비겁함이 아닙니까?

답: 아닙니다. 경순왕은 앞서 입론했던 것처럼 백성들의 생명을 중시했기에 이 같은 판단을 한 것입니다.

문: 나라 없는 설움을 알고 있습니까?

답: 알고 있습니다.

문: 일제에게 나라를 잃은 경험에서도 알다시피 나라 없는 국민은 인권이나 자유를 보장받지 못합니다. 다시 말해서 인간의 기본권이 상실되어 너무나도 비참하고 어렵게 살아가야 합니다. 따라서 어떻게 하든 나라를 지키려고 싸우는 것이 왕의 올바른 판단이 아닙니까?

답: 앞서도 얘기했지만, 국민이 있어야 나라가 존재합니다. 국민의 생명을 잃고서 무슨 인권이며 기본권을 논할 수 없는 것입니다.

사회자: 다음은 부정측 두 번째 토론자의 입론이 있겠습니다. 진행시간은 O분입니다.

부정측 두 번째 토론자의 입론: 어떤 일을 미리 포기하는 것은 어리석은 일입니다. 길고 짧은 것은 대봐야 아는 것, 힘이 없으면 지혜로 물리칠 수도 있습니다. 싸우다 죽더라도 태자처럼 대항하는 것이 조상들에게도 국민들에게도 부끄럽지 않을 것입니다.

사회자: 다음은 긍정측 첫 번째 토론자의 교차조사가 있겠습니다. 진행시간은 O분입니다.

긍정측 첫 번째 토론자의 교차조사:

문: 지혜로 적을 물리친 전쟁의 사례를 아십니까?

답: 삼국지의 제갈공명의 예를 들 수 있습니다. 적벽대전의 경우, 조조군을 유비군이 당해낼 수 없었지만 제갈공명의 지혜로 적은 군사력만으로도 조조군을 물리칠 수 있었습니다.

문: 그렇다면 신라에 제갈공명과 같은 지혜로운 장수가 있었습니까?

답: 정확하게 말하기는 어렵습니다.

문: 그렇다면 마의태자가 지혜롭다고 할 수 있습니까?

답: 마의태자가 지혜로운지에 대해서는 말할 수 없습니다. 다만 신라의 장수들이 나라를 구하기 위해 지혜를 모으는 것은 가능합니다.

문: 싸우다 죽더라도 태자처럼 대항하는 것이 조상이나 국민들에게 부끄럽지 않다고 한다고 했는데 많은 백성들이 죽거나 다친 후 나라를 잃게 되면 오히려 더 부끄러운 결과가 아닙니까?

답: 가정에 따른 답변은 하지 않겠습니다.

문: 토론자는 답변을 회피하고 있는 것 아닙니까?

답: 회피가 아닙니다. 나라를 위해 목숨을 바치며 싸우는 것은 그 나라의 백성이라면 당연한 것입니다. 안중근, 유관순, 김구와 같이 비록 나라에 힘이 없다하더라도 끝까지 나라를 위해 싸우는 것이야말로 올바른 판단이며, 행동이라고 생각합니다.

사회자: O분간 각 팀별로 작전타임이 있겠습니다.

사회자: 다음은 부정측 첫 번째 토론자의 최종변론이 있겠습니다. 진행시간은 O분입니다.

부정측 첫 번째 토론자의 최종 변론: 한 나라를 책임지려면 용기가 있어야 합니다. 왕은 그런 용기와 리더십을 지녀야 진정한 왕이라 할 수 있습니다. 비록 힘이 고려에 비해 객관적으로 약하다고 해도 온힘을 다해 지혜를 끌어 모으고 다양한 병법을 활용하여 이겨내기 위해 노력해야만 합니다. 끝까지 싸워보지도 않고 포기하는 것은 왕으로서 수치스러운 일입니다. 그리스 스파르타가 페르시아의 막강한 적에 맞서 300명의 용사로서 죽기를 각오하고 싸워 페르시아에게 큰 피해를 준 것이나 백제의 계백이 죽기를 각오하고 5천 명의 군사를 이끌고 나라를 위해 싸운 일은 경순왕의 판단과 행동이 옳지 않음을 증명합니다.

사회자: 다음은 긍정측 첫 번째 토론자의 최종변론이 있겠습니다. 진행시간은 O분입니다.

긍정측 첫 번째 토론자의 최종변론: 교차조사 시에도 언급했지만 패할 것이 분명한 싸움은 하지 말아야 합니다. 많은 희생자가 생기는 비참하고 끔찍한 전쟁이 되기 때문에 피하는 것이 가장 좋은 전략입니다. 작전상 후퇴란 말이 있지 않습니까? 우선 백성들의 목숨을 살린 후에 다시 빼앗긴 나라를 구하는 방법도 있는 것입니다. 무조건 싸우다가 결국 많은 희생을 통해 다시는 치유되지 않고 사라져버리는 그런 나라의 왕이 될 수 는 없습니다. 소크라테스가 악법도 법이라고 말하고 죽은 후 아리스토텔레스도 비슷한 상황에서 죽을 수도 있었지만 두 번 다시 아테네에서 죄를 짓게 하지 않겠다고 말하고 자리를 피해 그의 철학이 더욱 발전할 수 있었던 것도 무모하게 대항하지 않았기 때문입니다. 상황에 따라 적절한 후퇴도 필요합니다.

사회자: 이번엔 부정측 두 번째 토론자의 최종변론이 있겠습니다. 진행시간은 O분입니다.

부정측 두 번째 토론자의 최종변론: 어떤 일을 미리 겁먹고 포기하는 것은 어리석은 일입니다. 길고 짧은 것은 대봐야 아는 것이며, 힘이 없으면 지혜로 물리칠 수도 있는 것입니다. 엄청난 수의 수나라 군사를 강물 속에 수장했던 을지문덕의 지혜와 용맹처럼, 배 12척만을 갖고서 수많은 왜군의 배를 물속에 가라앉게 한 이순신의 지혜와 용기를 통해 단지 힘이 열세라는 이유만으로 나라를 넘기는 경순왕의 판단과 행동은 비겁하고 수치스럽습니다. 싸우다 죽더라도 마의태자처럼 대항하는 것이야말로 올바른 판단이자 행동입니다.

사회자: 다음은 긍정측 두 번째 토론자의 최종변론이 있겠습니다. 진행시간은 O분입니다.

긍정측 두 번째 토론자의 최종변론: 앞서 언급했듯이 백성의 생명이 보장되어야 나라도 존재할 수 있습니다. 왕의 판단 하나가 엄청난 살육과 잔인한 죽음을 불러올 수 있다는 사실을 알아야합니다. 마케도니아의 알렉산드로스대왕도 인도까지 정복하려다가 군사들이 정복전쟁을 그만 두고 고향으로 돌아가자는 의견에 발길을 돌린 것처럼 백성의 의견과 안위가 우선입니다. 독일의 히틀러처럼 자신의 욕심만을 채우려 전쟁을 일으켰다가 결국 많은 독일국민들의 희생을 불러왔고 결국 항복해야하는 수치를 겪어야 했습니다. 왕의 체면을 생각하면 끝까지 싸워야하겠지만 체면보다는 당장 사라질 생명을 구하는 것이 우선이라고 생각한 경순왕의 판단과 행동은 옳습니다.

5. 쓰기교육 ● ● ●

1) 쓰기교육의 중요성　　　　　　　　　　쓰기는 인간만이 갖고 있는 또

하나의 중요한 활동을 말한다. 철학자 프란시스 베이컨은 글쓰기는 정확한

사람을 만든다고 지적하였고, 다산 정약용도 초서(抄書: 읽으면서 중요한 것은 글로

기록하는 것)의 중요성을 강조하였다. 이렇듯 쓰기는 읽고 생각한 내용들을 정

리하고 자신의 지식이나 기억으로 만들어 가는 데 매우 유효한 수단이며, 쓰

기를 통해 논리적이며 합리적인 습성을 갖게 한다.

　쓰기능력은 여러모로 중요하다. 우선 역사라는 관점에서 보면 선사시대

와 역사시대를 구분 짓는 가장 중요한 기준이 기록을 했느냐 하지 않았느냐

하는 데 있다. 인간은 경험과 이성을 통해 받아들인 지식과 정보를 머릿속에

저장하는 데에는 한계가 있고 곧 그것을 망각하게 된다. 특히 다른 사람에게

그러한 내용을 전달하거나 공유하기는 더더욱 쉽지 않았기에 사람들은 돌이

나 종이 등에 기록을 하기 시작하였는데 이 기록은 결국 쓰기를 통해 이루어

졌다고 할 수 있다. 만일 쓰기가 없었더라면 우리는 그 옛날의 역사나 지식에

대해 전혀 알 수 없었을 것이다.

쓰기를 통한 기록은 점차 새로운 지식과 문명을 싹트게 하는 디딤돌 역할을 하였다. 사실 우리가 접하는 책이나 교과서, 컴퓨터, 만화, 잡지, 신문, TV와 같은 방송매체 등은 모두 글로 이루어져 있다. 결국 인간은 책이나 읽기매체를 통해 얻은 지식과 정보를 다시 새로운 연구결과로 생성해 내고, 이것을 글로 기록해 두는 과정을 통해 성장, 발전하였다고 해도 과언이 아니다.

프랑스의 박물학자 뷔퐁은 글의 중요성에 대해 "독서와 경험을 통하여 우리 머리로 들어간 사상은 말이나 글이라는 수단을 통해서만 표현되며, 말은 일회성이고 발화되자마자 공중으로 흩어지지만 글은 영원하므로 글을 쓸 때는 그 각인성과 영원성 때문에 우리 모두 완벽하려고 노력한다"고 강조한다. 앞서 베이컨이 지적한 "쓰기는 정확한 사람을 만든다"는 말과 관련이 있다 할 것이다.

2) 손맛과 글맛

요리를 할 때 같은 재료를 준비하고 주어진 순서에 따라 똑같이 음식을 만들었음에도 불구하고 요리하는 사람에 따라 맛이 다르다는 것을 느껴본 적이 있을 것이다. 가령 같은 재료를 갖고 김치를 만들어도 신기하게도 사람에 따라 전혀 다른 맛을 내는 것이 그러한 예라 할 것이다. 몇 해 전 필자도 우리 집에서 만든 김치뿐만 아니라 여러 이웃들이 맛을 보라고 준 김치 덕분에 다양한 맛의 김치를 맛볼 수 있는 기회를 갖게 되었다. 그런데 신기하게도 김치 맛이 제각각이었고, 우리 집 김치를 확실히 찾아낼 수 있었다. 그것은 바로 김치를 만든 사람의 손맛이 다 다르기 때문이다. 만드는 사람에 따라서 김치들도 아주 분명한 맛의 차이를 느낄 수 있었다. 같은 재료라 하더라도 손맛에 따라 김치가 맛있게 만들어질 수 있고, 반대

로 입맛에 맞지 않을 수도 있다. 이러한 사례는 음식점에서도 찾을 수 있다. 같은 메뉴를 다루지만 어느 음식점은 손님들이 줄을 서고, 또 어느 음식점은 파리만 날리는 것을 볼 수 있다. 물론 다양한 변수가 존재하지만 아무래도 손맛의 영향이 크지 않을까 생각된다.

글쓰기도 이와 같다고 생각할 수 있다. 즉 요리에는 손맛이 있듯이 글쓰기에는 글맛이라는 것이 존재하기 때문이다. 이런 글맛은 쓰는 사람에 따라 다르다. 어떤 글은 읽으면 쉽게 이해되고 재미를 제공하지만 어떤 글은 이해가 되지 않을 뿐만 아니라 읽기 싫어진다. 논술의 예를 들어보면 같은 논제에 같은 제시문을 주고 같은 시간에 글을 쓰게 하지만 모두 다양하고 각양각색의 글을 쓰게 된다는 사실에 놀라움을 감출 수 없다. 이러한 사실도 글맛이 다르기 때문이라는 것으로 해석할 수 있다.

그렇다면 어떻게 하면 맛있는 손맛과 글맛을 만들어 갈 수 있을까? 그것은 요리의 경우, 풍부한 경험과 노하우 그리고 자신감이다. 자주 요리를 해야 자신만의 손맛을 만들어 갈 수 있으며, 여기서 자신만의 노하우가 형성된다. 이러한 바탕 위에 자신감이 생기고 결국 달인이 되어 자신의 손맛을 살린 멋진 요리가 만들어지게 되는 것이다. 마찬가지로 좋은 글맛을 내기 위해서는 독서를 통한 풍부한 배경지식과 자주 글을 쓰는 훈련이 뒷받침이 되어야 자신만의 노하우가 담긴 글맛을 형성하게 되고, 어떤 형태의 글이라도 자신감을 갖고 멋진 글을 쓸 수 있게 되는 것이다.

3) 글쓰기의 조건

한자문화권의 '신언서판(身言書判)'에서 '서'(書)는 두 가지 측면을 지니고 있다. 하나는 글씨의 모양, 즉 서예(書藝)로서의 서(書)이고. 다른 하나는 그 내용으로서의 서이다. 즉 그 사람의 글 안에 얼마만한 통찰력과 내공이 들어 있는가를 보는 것이다. 전자가 형식이라면 후자는 내용에 해당한다. 이 두 측면을 보면 그 사람의 실력과 그릇이 어느 정도인지를 알 수 있기 마련이다.

조선시대 과거시험이라는 것이 따지고 보면 이 '서'에 대한 테스트였다고 해도 과언이 아니다. 일본은 칼 잘 쓰는 사람이 출세한 사회였지만, 조선은 글 잘 쓰는 사람이 출세했던 사회였다. 서예도 마찬가지이지만, 특히 문장을 잘 쓰려면 상당한 훈련을 거쳐야 한다. 말은 교육을 많이 받지 않아도 잘할 수 있지만, 글을 쓰는 일은 훈련을 받지 않고는 잘 쓰기가 어려운 것 같다.

그렇다면 글을 잘 쓰려면 어떤 훈련을 받아야 하는가? 우선 독서가 필요하다. 영국 케임브리지대 교수로 있는 장하준, 런던대 교수인 장하석 형제가 20대 후반에 영국의 대학교수가 될 수 있었던 밑바탕에는 엄청난 독서량이 받쳐 주고 있었다. 이들은 초등학교, 중등학교 시절에 대략 1,000권 이상의 독서를 하였다. 독서를 많이 한다는 것은 지적 호기심이 강하다는 의미이고, 지적 호기심이란 것은 인간과 우주에 대한 의문이다. '왜 인간은 죽어야만 하는가? 왜 시간은 흘러가는 것인가? 행복이란 무엇인가? 어떤 현상을 보고 왜 저런 것인가? 하는 의문이 끊임없이 일어나야 한다.

의문이라는 것은 도전적인 기질이기도 한다. 태클을 걸어야 한다. 매사를 수긍하고 그냥 지나치면 문제의식이 생기지 않고, 문제의식이 약하면 문장의 질이 떨어지기 마련이다. 글을 잘 쓰게 하려면 부모, 형제, 선생이 계속해서 자식과 제자들에게 끊임없이 의문을 던져 주어야 한다. '너는 저 현상을 어떻게 생각하느냐?' '왜 그렇게 보느냐? 그 이유를 세 가지로 설명해 보아라.' 밥을 먹다가도, 길을 가다가도 이런 태클을 수시로 걸어야 한다. 내가 생각하는 글 잘 쓰는 훈련은 이것이다. 미국 명문대학에 입학한 한국 유학생들이 에세이를 못 써서 탈락하는 이유는 평소에 태클이 부족했기 때문이다.

「조선일보」 2008년 12월 4일자 "조용헌 칼럼" 인용

위의 글을 보면 글쓰기를 통해 좋은 평가를 받기 위해서는 읽기를 통한 훈련이 필요하다는 것을 알 수 있다. 읽기 없이 좋은 글을 쓸 수 없다는 의미로 해석된다. 그 이유는 읽기를 통해 좋은 글을 많이 접해 보고 그 글속에서 보배로운 내용들을 자신의 것으로 만들어 갈 때 멋진 글쓰기가 가능하다는 것이다. 아울러 이해 없는 읽기는 없다. 글의 내용을 자신의 것으로 만드는 것이야말로 진정한 읽기다. 이를 위해서는 늘 궁금한 것을 물어보는 훈련이 되어야 한다. 즉 능동적인 사고능력을 키워야 한다는 것이다. 데카르트가 자신의 철학은 의심하는 데서라고 했듯이 주어진 모든 것, 궁금하고 알고 싶은 모든 대상에 대한 의심과 의문은 사고력을 키우는 가장 좋은 방법이다. 따라서 좋은 글을 쓰기 위해서는 많은 책을 읽고, 읽은 내용에 대해 깊이 생각해 보고 질문하는 활동이 함께 이루어져야 한다. 다산 정약용은 정독(精讀: 꼼꼼하게 읽고), 질서(疾書: 읽으면서 생각하고 질문하고), 초서(抄書: 기록하며 읽어라)를 강조한 것도 이와 같은 맥락에서 이해할 수 있다.

4) 글의 종류와 글쓰기 방법

글은 크게 정보를 전달하는 글(설명문, 보고문, 기사문 등), 설득하는 글(논설문, 광고문, 연설문 등), 사회적인 상호 작용의 글(편지, 수필, 독후감 등), 정서 표현의 글(시, 소설과 같은 문학작품)로 나눌 수 있다. 따라서 각 글에 맞는 쓰기전략도 다양하다.

정보를 전달하는 글은 그 정보에 대한 구체적이고 분석적인 입장에서 써야 한다. 가령 우리나라 명절에 관한 정보를 글로 알리기 위해서는 정확한 개념정의와 종류, 성격, 특성, 역사 등 자세한 내용이 담기도록 해야 한다.

설득하는 글에는 자신의 주장이나 입장을 이유, 설명, 근거 등을 들어 설득해야 하기 때문에 이성적으로 설득할 수 있는 논리성이 글 안에 내포되어야 한다. 감정적인 설득이나 신파적인 주장은 결코 좋은 글이 될 수 없다.

사회적인 상호 작용의 글에는 초등학교 글쓰기에 많이 활용되는 독서감상문, 편지 등이 해당된다. 흔히 독서감상문을 정서 표현의 글로 인식하는 경우가 많은데 실제로 독서감상문은 독서한 내용에서 주인공이나 작가의 메시지를 통해 자신이 깨닫고 반성하거나 감동받은 것을 다시 글로 표현함으로써 사회 구성원으로서의 자신의 역할을 정립해 나가는 유용한 글쓰기이다. 다만 책을 읽고 반드시 해야 하는 글쓰기라는 의무감 때문에 독서감상문에 대해 거부감을 느끼는 경우도 많은데, 제대로 된 글쓰기 지도 없이 무조건 쓰라고 해서 결국 줄거리만 길게 요약하고 끝에 몇 줄 정도로 "참 좋았다", "슬펐다" 정도의 감정표현만으로 마무리하는 독서감상문 쓰기에서 벗어나야 한다. 독서감상문은 말 그대로 책과 자신의 상호작용을 하는 글쓰기이므로 간단히 읽은 책의 내용을 요약하고, 그중에서 가장 감동받았거나 큰 의미가 있는 부분을 설명하고, 나아가 자신의 경험과 연결시켜 문제점을 지적하거나 해결방안, 결심 등을 글로 정리하면 자신만의 좋은 독서감상문이 될 수 있다.

편지문의 경우 작가나 주인공, 등장인물들과 교감할 수 있는 매우 유용한 글쓰기이다. 다른 글쓰기와 달리 대상이 정해져 있어 부담 없이 쓸 수 있다는 데에서 자녀들에게 많이 권하는 글쓰기이지만 이 경우에도 반드시 자신이 느낀 점이나 감동한 점, 반성한 점, 앞으로의 결심 등이 묻어나올 수 있도록 지도하는 것이 필요하다. 작가에게 편지쓰기, 주인공에게 편지쓰기, 친구에게 책 소개 편지쓰기 등 다양하게 활용할 수 있다.

정서표현의 글은 흔히 문학이라고 하는 틀을 통해 표현하는 글쓰기이다. 시, 동화, 소설 등 자신의 생각과 느낌을 문학의 틀을 활용하여 표현함으로써 보다 깊이 있는 글쓰기 지도가 될 수 있다. 특정 대상을 선정하여 동시나 시조를 써보게 하거나 읽은 책의 뒷이야기 상상하여 쓰기 등을 통해 쉽게 동화나 서사적인 글을 작성하게 해보는 것도 좋은 방법이다. 특히 좋은 시집을 읽고 그중 마음에 드는 시를 골라 각색해서 시를 쓰게 하거나 다른 아이들이 쓴 작품집을 활용하는 방법도 있다.

특히 독서일기문은 위의 4가지 형태로 변형해서 쓰기가 매우 쉬운 글쓰기이다. 가령 독서한 내용 중 정보가 되는 것을 설명하는 일기문, 독서한 내용 중 자신의 주장을 알리는 일기문, 주인공과 편지쓰기를 통해 상호작용하는 일기문, 읽은 책의 내용을 담은 시 형태의 일기문 작성이 그 예이다.

이 같은 4가지 유형의 글을 살펴봄으로써 글쓰기를 글의 유형에 따라 전략을 바꿔가며 쓸 수 있도록 지도해야 한다. 부모나 교사는 책을 읽고 난 후의 생각을 여러 유형의 글쓰기로 정리할 수 있도록 해야 한다. 물론 자녀나 학생에게만 쓰게 해서는 안 되며 부모나 교사도 직접 써 보아야 한다. 그래야만 글쓰기 지도가 가능하며 글에 대해 쉽게 접근할 수 있게 되기 때문이다.

5) 쓰기능력을 키워 주는 전략들

쓰기능력은 곧 생각 쓰기인 것처럼 머릿속에서 쓸거리, 즉 쓸감을 만든 후에 글을 쓰도록 하면 쓰기가 수월해지고 결국 쓰기능력이 성장하게 된다. 무조건 쓰게 하는 것이 아닌 쓸거리를 만들 수 있도록 배려해야 한다. 논술시험에서도 충분히 개요를 짜면서 생각할 수 있는 시간을 제공하고 있는 것만 보아도 생각을 만들어 다듬고 하는 준비 작업이 쓰기에는 반드시 필요한 조건이라 할 수 있다.

쓸거리를 만들어 내기 위한 가장 좋은 방법이 독서다. 독서를 통해 생각할 수 있는 내용물을 입력하면 우리는 사고능력을 통해 입력된 정보나 지식을 자신의 것으로 만들어 가고 필요한 것은 기억창고에 저장하여 활용하게 된다. 흔히 이것이 배경지식이 되는데 이렇게 형성된 배경지식은 앞에서도 언급한 바와 같이 새로운 지식을 자신의 것으로 받아들이는 데 마중물과 같은 역할을 하게 된다. 이런 작업들이 선행된 뒤에라야 쓰기작업으로 연결될 수 있다.

쉽게 쓰게 하라

우선 자신의 생각을 쉽게 표현하게 하는 것이 중요하다. 즉 머릿속에 떠오른 내용을 있는 그대로 글로 표현할 수 있도록 배려하면 좋다. 글을 쓴 사람의 독특하고 풍부한 생각이 들어가면 읽는 이에게 즐거움과 재미를 주게 된다. 가령 자신이 경험했던 일을 쓰는 것이 가장 쉬우면서도 읽는 이에게도 즐거움을 주게 된다. 읽었던 책에 대한 내 생각, 오늘 있었던 즐거웠거나 잊지 못할 일들, 자연이나 사물에 대한 감정, 친구나 가족 간의 경험담 등에 대해 쓰는 것은 글쓰기의 좋은 기본이 된다.

즐거운 마음으로 쓰게 하라　　　즐거운 마음으로 글쓰기를 대하면 글쓰기에 대한 스트레스나 두려움은 사라지고 『안네의 일기』처럼 어려운 상황 속에서도 글을 쓰게 되고, 심지어 글을 쓰는 행동 자체가 현실의 고통과 두려움을 이겨내고 희망과 꿈을 주기도 한다. 그런데 문제는 너무 형식에 얽매여 글을 쓰게 하기 때문에 쉽게 글을 쓰지 못하는 경우가 많다는 것이다. 특히 책을 읽으면 반드시 독서감상문을 쓰도록 강요하는 경우가 있는데 글쓰기가 반드시 독서감상문에만 한정되어 있지는 않으므로 읽은 내용을 자신이 표현하고자 하는 형식의 글쓰기로 표현토록 이끌어 주면 된다. 특히 글쓰기가 서툰 아이라면 먼저 자신의 생각을 그림이나 만화로 표현해도 좋다.

한 가지 형태의 글쓰기로만 쓰게 하지 마라　　　자신의 생각을 담아내는 그릇은 매우 다양하다. 음식을 담아내는 접시도 여러 가지가 있듯이 마찬가지로 생각을 표현하는 글의 형식이나 종류는 독서감상문, 일기문, 편지문, 설명문, 기행문, 논설문 등 매우 다양하다. 글을 쓰는 사람이 자신의 생각을 자신이 원하는 그릇에 담아낼 수 있어야 한다.

글의 분량이 중요한 것이 아니다　　　아이가 글을 길게 쓰지 않으면 잘못인 것처럼 생각하는 어른들이 종종 눈에 띤다. 물론 자신의 생각을 길게 글로 써낼 수도 있어야겠지만 길게 쓰는 것이 반드시 좋은 글은 아니다. 글은 길고 짧은 것이 중요한 것이 아니기 때문이다. 화가는 자신의 생각을 그림으로 나타내고, 음악가는 작곡을 통해 자신의 생각을 표현하듯이 글쓰는 이는 자신의 생각을 글을 통해 표현하게 되는 것이다. 글로서 자신의 생각을 솔직히 표현하면 가장 좋은 글이 된다. 화가가 그림을 더 크게 그린다고 잘 그린 그림이라고 하지 않듯이 글쓰기 역시 양적개념으로 보는 것이 아니라 질적 개념으로 보아야 한다는 것이다.

솔직하게 쓰게 하라 글에는 거짓이 아닌 솔직한 자신의 생각이 들어가야 한다. 일부러 없던 일을 만들어 낸다든가 하면 글쓰기를 통해 오히려 부정적인 아이로 만들어 가게 된다. 실제로 어른 글을 흉내내려고 하거나 백일장이나 글쓰기대회의 입상을 위해 솔직한 자신의 생각이 아니라 없었던 일을 만들거나 가식적으로 그럴듯한 포장에만 관심을 쏟게 하는 오류를 범하곤 한다. 이 같은 글쓰기가 가장 유의해야 할 점이다.

제목을 정해 쓰게 하라 내용이 빈약하거나 쓸 게 없다고 하는 아이들에게는 주제나 제목을 정해 주는 것은 쉽게 글을 쓰게 하는 매우 유용한 방법이다. 잡다한 생각을 일목요연하게 정리해 주는 역할을 하기 때문이다. 따라서 일기문을 쓸 때에도 하루에 있었던 일 중에 가장 인상에 남은 경험이나 생각을 제목을 정해 글을 쓰게 한다면 보다 쉽게 글쓰기에 접근할 수 있다.

글씨나 받침에 대한 지적을 가능한 한 줄여라　　　선생님
이나 부모님이 자칫 아이들의 글쓰기 작품을 보면서 글씨체가 어떻다느니, 받침이 틀렸다느니 하면서 오히려 아이들의 풍부한 생각들을 사장(死藏)시키는 경우가 많은데 이러한 행동은 자제해야 한다. 중요한 것은 아이가 어떤 생각으로 글을 썼냐는 것이다. 글씨체나 받침은 글쓰기를 좋아하게 되면 자연스럽게 고쳐지는 것이기 때문이다. 핀란드에서는 교사가 아이들이 글을 편하게 쓸 수 있도록 가능하면 잘못 쓴 글자나 받침에 대한 지적을 삼간다고 한다.

부모가 글쓰기의 모델이 되어라　　　글씨체나 받침을 지적
하는 것보다 집에서 부모님이 직접 글을 쓰는 모습을 자주 보여 주거나 함께 독서신문을 만들어보는 방법들이 아이들의 글쓰기 동기부여가 된다. 또한 마인드맵이나 브레인스토밍 등 생각나는 단어를 쓰게 하거나 다른 아이들이 쓴 글을 자주 접하게 해주는 것도 좋은 방법이 될 것이다.

기록하는 습관을 키워라　　　수첩이나 노트를 지니고 다니
면서 호기심이 있거나 관심 있는 내용을 적게 하거나, 책을 읽고 나서 간단히 독서노트에 옮겨 적는 활동을 통해 쓰기능력을 키워 갈 수 있다. 물론 이때 많이 쓰게 하기보다는 쉽고 재미있게 정리할 수 있도록 배려하는 것이 중요하다.

자신만의 글쓰기가 되게 하라　　　사진을 찍을 때 같은 풍

경도 사진작가의 시점에 따라 다르게 표현되는 것처럼 글쓰기도 마찬가지이다. 글을 쓴다는 것은 한 사람의 창작활동이며 똑같이 존재할 수 없는 차별화된 활동임을 잊어서는 안 된다. 신문사의 여러 칼럼리스트가 쓴 글들을 읽어보면 글들마다 전혀 다른 느낌을 받게 된다. 이것은 칼럼리스트마다 생각의 크기, 독창성, 배경지식 등이 다르기 때문이다. 자신의 생각이 쓰인 글, 개성있는 글쓰기는 자신만의 작품이라는 사실을 인식시켜 줄 필요가 있다. 따라서 아이들이 쓴 글쓰기작품을 전시하거나 발표하는 시간을 갖는 것도 의미가 있다.

사실과 느낌을 적절히 활용하라 자신만의 글쓰기가 되기 위해서는 먼저 자신과 관련한 내용을 글로써 풀어 가면 좋다. 이때 가급적이면 사실과 느낌이 함께 표현될 수 있게 배려하는 것이 좋은 서술방법이다. 있는 그대로의 사실을 적는 것은 기사문이나 설명문, 논술문을 쓸 때 매우 유효한 방법이다. 이럴 때는 매우 구체적으로 자세히 쓸 수 있도록 해야 한다. 그러나 너무 사실만 쓰게 되면 글이 너무 객관적이 되고 딱딱해지기 쉬우므로 자신이 그 사실에 대한 느낌을 솔직히 표현하는 것이 좋다. 그렇게 되면 주관, 객관이 함께 어우러져 자신만의 글쓰기가 가능해진다.

가령 독서감상문을 쓴다고 할 때 아이들은 대부분 읽은 책의 줄거리를 요약하고, 마지막에 자신의 느낌이나 각오 등을 쓰는 것을 쉽게 볼 수 있는데 여기서 줄거리는 자신의 느낌이 들어가지 않은 사실에 가깝다. 반면 자신의 느낌은 아주 간단히 적게 되는데 이것은 책에 대한 이해가 이루어지지 않고 그저 쓰라고 하니까 사실 위주로 쓰면서 간단히 자신의 느낌을 쓰게 되는 것이다. 이렇게 되면 자신만의 생각이 표현되기 어렵다는 것이다. 가능하면 자신의 주관적인 생각이나 주장을 펼치게 하고 그것을 증명할 수 있는 사실로 연결시키는 글쓰기가 바람직하다.

감정이입을 통한 읽기와 쓰기가 되게 하라　　　　　사실을 제대로 보고 이해할 수 있는 관찰력, 이해력이 무엇보다 필요하다. 책을 읽으면서 책의 내용을 정확히 파악해야 한다는 의미도 함께 갖고 있다고 할 것이다. 책을 제대로 읽지 못하면 책이 무엇을 전해 주려고 하는가에 대한 귀중한 보물도 놓치게 된다. 그래서 우선 중요한 것은 제대로 된 읽기가 필요하다. 그러기 위해서는 책의 내용과 자신의 모습이나 경험을 연관시키는 것이 매우 중요하다. 자신과 연관을 짓게 되면 보다 적극적이고 이해가 되기 쉽기 때문인데 이것을 "감정이입"이라고 한다.

우리가 영화를 본다고 할 때 영화 주인공과 자기 자신이 하나가 될 때 더욱 실감나고 즐겁게 영화를 감상할 수 있게 되는 것이다. 더욱이 감정이입을 통해 내용에 대한 이해가 더욱 쉽게 이루어진다. 주인공과 더불어 웃고, 울고, 모험을 떠날 때 한 편의 영화는 자신의 마음속에 각인되기가 쉽다. 이것이 바로 감정이입의 효과라 할 수 있다. 마찬가지로 책을 읽으면서 자신이 멋진 이야기 속의 주인공이 된다면 더욱 독서의 즐거움을 알게 될 것이다. 이런 감정이입이 쉽게 이루어질 때 주인공의 감정과 생각이 자신의 것과 연결되기 쉬워지며 자연스럽게 자신의 느낌을 표현할 수 있게 된다. 다음은 다윗과 골리앗의 이야기를 읽은 학생이 감정이입을 통해 글을 쓴 사례이다.

하나님에 대한 굳건한 믿음을 갖고 나라를 구하기 위해 어린 나이에도 당당히 골리앗과 맞서는 다윗의 행동을 통해 다윗처럼 하나님에 대한 믿음이 매우 중요하다는 것을 알았다. 엄청난 덩치의 골리앗을 앞에 두고 얼마나 두렵고 긴장되었을까? 마치 어른과 아이의 싸움과도 같은 그런 대결에서 하나님이 자신을 도와주실 것이라는 굳건한 믿음을 통해 당당히 맞설 수 있다는 것이 나에게는 매우 큰 감동과 충격으로 와 닿았다. 사실 나는 하나님이나 예수님에 대한 믿음이 그다지 크지 않다. 보이지도 않는데 정말 존재할까 하며 의심했던 적도 많았다. 심지어는 베드로처럼 부정할 때도 있고, 옳지 않은 행동을 한 적도 있었다. 얼마 전 교회 주일학교에서 다른 아이들은 성경말씀을 암송하고 예배를 열심히 드리고 있을 때 나는 옆의 친구와 딴짓만 하고 전도사님의 말씀을 듣는 둥 마는 둥 했는데 이 책을 읽으면서 내가 얼마나 부족하고 어리석었는지를 알 수 있었다. 나도 다윗처럼 큰 믿음을 갖고 성경책도 열심히 읽고, 공부도 하라고 하지 않아도 스스로 하는 멋진 사람이 될 것이다.

6) 글쓰기의 즐거움　　　　　　　　글을 쓴다고 할 때 우선 쓰려고 할 무엇인가가 있어야 한다. 즉 쓰고 싶은 주제나 내용이 있어야 한다는 것이다. 명확히 쓸거리가 떠오르면 우선은 글을 쓸 준비가 된 것이다. 요리를 할 때 무슨 요리를 할 것인가를 선택하는 것이 요리의 시작이 되는 것과 같은 이치이다. 김치찌개를 요리한다고 결정하면 만들려고 하는 것이 보다 명확해지면서 어떤 재료를 준비하여야 할지에 대해서도 쉽게 결정이 이루어지는 것과 같다.

글쓰기에서도 무엇을 쓸 것인가가 정해지면 그것과 관련한 재료를 준비해야 한다. 즉 글감을 준비해서 이제는 어떻게 쓸 것인가가 중요한 과제라 할 것이다. 김치찌개도 사람마다 조리법이 다르고 부재료에 따라 돼지김치찌개, 참치김치찌개로 달라지듯이 글쓰기 역시 재료와 생각, 방법에 따라 여러 다양한 글쓰기가 이루어진다.

문제는 글쓰는 이가 힘들지 않게 글쓰기를 해나가려면 여러 가지 쓰기방법과 형식에 대해 알고 있어야 한다는 것이다. 그럴 때 보다 자신 있게 글을 쓸 수 있게 된다. 수학에도 공식이 있고, 어학에서는 문법이 있듯이 글쓰기에서도 글의 종류에 따라 차이는 있으나 공통된 글쓰기 방법이 있다. 이런 방법을 미리 숙지해 두면 자신감 있게 글을 써내려가면서 자신만이 갖는 창의적이고 독특한 생각을 가미하면 멋진 글쓰기가 되는 것이다.

독서감상문, 설명문, 편지문, 논설문 등과 같이 글에도 여러 종류가 있다. 이러한 글의 종류는 일종의 글을 담아내는 다양한 모양의 용기라고 할 수 있다. 용기와 그릇은 달라도 요리가 만들어질 때 갖게 되는 공통점이 있듯이 글쓰기에도 공통된 사항들이 존재한다. 우선 정해진 주제와 관련한 재료들을 준비하는 것이다. 명확한 주제가 정해졌으면 이것에 따른 글감들을 모으는 작업이 그것이다. 가령 오늘 선생님께 칭찬받았던 일을 일기문의 주제로 잡았다고 한다면 칭찬받게 된 원인, 이유, 상황, 배경, 결과, 다짐과 각오 등의 내용들을 하나하나 모아야 한다. 글감이 든든히 모아지면 쓰기에 우선 부담감이 적어지고 자신감이 생기게 된다.

글감이 모아지면 이제는 그것을 적절하게 순서에 따라 배열하는 것이 중요하다. 글의 종류에 따라 차이는 있지만 두 번째 해야 할 일은 개요를 짜는 것이다. 즉 모아진 글감들 중에서 반드시 필요한 것이 무엇인지 선별해서 그것을 적절하게 배열하는 구상이 바로 개요짜기이다. 집을 지을 때도 건축설계도가 필요하듯이 글을 쓸 때에도 글의 설계도가 필요한데 이것을 만드는 것이 개요짜기인 셈이다. 개요짜기 없이 글을 무턱대고 써 가면 자신이 쓰고자 하는 목적이나 주제와 전혀 다른 글이 될 수 있고, 글의 완성도도 낮아질 수밖에 없다. 개요짜기는 자신의 독창적이고 창의적인 생각을 만들어 내는 쓰기 이전의 창작활동이므로 쉽지는 않지만 멋진 밑그림이 만들어지면 글쓰기는 이미 멋지게 완성된 것이라 해도 과언은 아니다.

우선 순서를 정하는 것이 좋다. 흔히 글의 짜임을 보면 시작하는 부분, 자신이 말하고자 하는 것을 열심히 주장하거나 전개해 가는 중간 부분, 마지막으로 끝을 맺는 부분으로 나눌 수 있다. 이것을 논설문의 '서론, 본론, 결론'과 같이 3단 구성이라 말하기도 한다. 구성에는 '기승전결'과 같은 4단 구성, '발단, 전개, 위기, 절정, 결말' 등 소설에서의 5단 구성도 존재한다. 하지만 공통적으로 시작, 중간, 마무리 부분으로 나누어 적절히 글감을 배열하는 것이 좋다.

시작 부분은 이 글을 쓰게 되는 동기나 문제제기를 쓰는 것이 좋다. 일기문, 독서감상문, 편지문, 논설문 등 종류에 따라 내용이 다르겠지만 시작 부분에서 동기나 문제 제기 등을 통해 글쓴이의 주장이나 생각을 제시하는 것이 쓰는 사람에게도 또 이 글을 읽는 사람에게도 명확함을 주고, 읽고 싶은 욕구를 자극하게 된다. 이어서 중간 부분은 본격적으로 자신의 생각과 의견을 개진해 가는 부분이다. 일기문의 경우 오늘 있었던 중요한 사건에 대한 자세한 상황 서술과 자신의 생각, 독서감상문의 경우 자신이 감명을 받았던 부분의 줄거리 소개와 자신의 경험과의 연관, 논설문의 경우 자신이 주장하려고 하는 주제에 대한 이유와 부연설명, 논거를 통한 논증이 바로 중간 부분에서 이루어져야 한다. 마무리 부분에서는 주장을 다시 요약하거나 해결방안을 제시하거나 자신이 느낀 점, 각오, 정리하는 내용으로 마무리하는 것이 좋은 글쓰기이다.

개요짜기가 이루어지면 이제 자신의 생각을 본격적으로 써내려가게 되는데 여기서도 중요한 원칙이 있다. 어떤 종류의 글이든 공통된 원칙으로, 문장은 간결하고 명료해야 한다는 것이다. 주어와 서술어가 제대로 표기되었는지, 맞춤법, 원고지사용법, 표준어는 잘 사용하고 있는지는 어떠한 글쓰기에서나 공통된 원칙이다. 또한 글의 분량은 일반적으로 시작 부분과 마무리 부분은 비슷한 분량으로 채우는 것이 좋고, 중간 부분은 시작, 마무리 부분보다 약 2-3배 분량 정도가 되면 자신이 하고자 하는 말을 전개하기에 적당한 분량이 된다.

7) 다양한 글쓰기의 실제

이야기 구조의 텍스트 요약문 쓰기   이야기 구조는 도입, 발단, 전개, 위기, 절정, 결말의 구조로 나눌 수 있으므로 각각에 해당하는 내용을 정리하여 요약하면 된다. 가령 심청전의 경우 도입은 심청이 출산과 어머니의 죽음, 발단은 심봉사가 고생하며 심청이를 키워간다는 내용, 전개는 심봉사가 개울에 빠져 스님에게 공양미 삼백 석 이야기를 듣고 섣부른 결정을 내린다는 내용, 위기는 심청이가 아버지를 위해 자신의 목숨을 바치겠다는 결정과 죽기 전까지의 내용, 절정은 인당수에 몸을 던져 아버지의 눈을 뜨게 하려는 효녀 심청의 행동과 하늘의 도우심, 결말은 왕비가 된 심청은 아버지의 눈을 뜨게 하고 행복하게 산다는 것으로 이것을 다시 요약문으로 작성하면 '심청이는 눈이 먼 심봉사의 귀한 딸로 태어나지만 어머니는 출산하

「흥부와 놀부」를 읽고 책 내용 요약하기

· 발단: 욕심 많은 형 놀부와 착한 마음씨를 가진 동생 흥부가 살았습니다. 부모님이 돌아가시고 형 놀부가 모든 재산을 차지하였답니다.
· 전개: 재산을 형 놀부에게 빼앗긴 동생 흥부는 어렵게 살아갑니다. 형 놀부는 그런 동생을 도와주지 않습니다.
· 위기: 흥부가 자신의 집에 둥지를 튼 제비 한 마리가 다리를 다친 것을 보고 가엽게 여겨 치료해주었고, 제비나라로 돌아간 제비는 박씨를 물고 돌아옵니다.
· 절정: 박씨를 심은 박에서 온갖 금은보화가 나와 부자가 된 흥부, 반면 자신도 일부러 제비다리를 부러뜨려 흥부처럼 되려고 한 놀부는 오히려 큰 화를 당합니다.
· 결말: 동생 흥부는 형 놀부와 함께 도와가면서 행복하게 삽니다.

면서 죽고 만다. 애지중지 심청이를 키우던 심봉사는 어느 날 다리를 건너다 잘못하여 개울에 빠져 도움을 청하다 지나가던 스님을 만나 목숨을 구하고 공양미 삼백 석을 부처님께 바친다는 섣부른 약속을 하고 곧 후회한다. 심청이는 결국 자신의 목숨을 희생해서라도 아버지의 눈을 뜰 수 있도록 하기 위해 인당수에 몸을 던지지만 그녀의 효심에 감동을 받은 하나님은 목숨을 살리고 왕비가 되게 하며, 나아가 심봉사의 눈까지 뜨게 하는 축복을 내린다와 같이 작성할 수 있다.

독서감상문 쓰기 독서감상문은 읽은 책이 어떤 내용이며, 이 책을 통해 내가 감동을 받거나 느낀 점 그리고 자신의 삶과 관련하여 어떻게 적용시켜 갈 것인가 등에 대해 서술하는 글쓰기이며, 사회적 상호작용을 위한 글로서 다른 사람들이 이 글을 읽고 이 책을 읽어보게 되며, 또한 변화될 수 있도록 하는 성격의 글이다. 따라서 독서감상문을 쓸 때에는 논리성보다는 자신의 느낌과 경험을 솔직하게 표현하는 것이 핵심이다.

우선 독서감상문 쓰기는 세 가지 단락으로 나눌 수 있다. 첫 번째 단락은 읽은 책을 간단히 요약하는 것이다. 특히 소설, 동화, 위인전과 같은 이야기 구조일 경우에는 '발단, 전개, 위기, 절정, 결말'의 형식으로 간단히 줄거리를 요약해야 한다.

독서감상문 쓰기에 있어 두 번째 단락에서는 읽은 책에서 가장 감명 깊었거나 감동을 준 장면이나 자신의 삶에 있어 반성과 통찰을 줄 수 있는 부분을 간단하게 서술하고, 그 이유를 정리한다.

가령 '심청전'을 읽고 나서 두 번째 단락을 쓴다고 하면 '나는 이 책에서 가장 인상 깊었던 장면은 크게 두 가지이다. 첫째는 심청이가 아버지의 눈을 뜨게 하려고 여러 방법을 찾아보다 결국 자신의 몸을 희생하기로 한 장면과 둘째는 심청이가 왕비가 되어 전국 각지의 모든 장님을 초청하여 잔치를 베푸는 장면이었다. 과연 내가 부모를 위해 목숨마저 희생할 마음이 있을까? 이 책을 읽으면서 가장 마음속에 불편하게 다가왔던 점이 이 부분이었다. 얼마 전에도 아빠한테 대들었던 것이 떠오른다. 아무것도 아닌 일에 왜 아빠에게 함부로 했는지 지금도 나는 이해가 가질 않는다. 이런 내가 과연 부모를 위해 희생할 수 있는가? 그리고 심청이가 모든 장님들을 초청하는 장면에서 왜 하늘이 감동했는지를 알 수 있었다. 나 같으면 그저 자신의 아버지만을 찾아내어 잘해드렸 을텐데 모든 사람들을 배려하고 사랑하는 모습에서 이기적인 나, 자기중심적인 나가 떠오른다. 이런 심청이의 모습 속에 내가 반성하고 고쳐야할 것이 있다는 것을 분명히 알게 되었다.'라고 쓸 수 있다.

위의 예를 통해 책속의 주제와 나의 삶과 연결하고 있음을 알 수 있다. 독서감상문은 서평이 아니다. 서평은 책을 분석하여 이 책이 갖는 장점적 요소,

단점적 요소를 끄집어내고 독자들에게 책을 객관적으로 보게 하는 것이다. 반면 독서감상문은 책과 자신을 연결하여 자신의 삶을 되돌아보며 새롭게 얻어진 지식이나 교훈, 앞으로의 결심 등에 대해 서술해야 한다.

독서감상문 쓰기에 있어 세 번째 단락은 읽은 책에서 가장 감명 깊었거나 자신의 삶에 있어 반성과 통찰을 줄 수 있는 부분과 자신의 경험을 연결 짓고, 자신의 부족한 점과 실패담, 반성할 부분 등을 제시하고, 앞으로의 각오와 결심, 계획 등을 서술하는 부분이다. 독서감상문은 서평이나 책을 소개하는 글과는 달리 자신의 경험과 감동받은 내용, 알게 된 점 등 자신과 관련된 내용이 언급되어야 한다.

『심청전』을 읽고 난 후에 세 번째 단락을 쓴다고 하면 다음과 같은 글쓰기를 예로 들 수 있겠다.

> 얼마 전 게임을 하고 있는데 엄마가 게임 좀 그만 하고 공부하라고 하시는 소리에 갑자기 짜증이 나서 엄마에게 소리를 지르고 집 밖으로 나갔다가 혼났던 적이 있다. 그때는 엄마가 그냥 싫었고 실컷 게임만 하고 싶은 마음뿐이었다. 하지만 이 책을 읽고 나서 내가 엄마에게 한 행동에 대해 크게 후회가 되었다. 다른 애들처럼 공부를 잘하는 것도 아니고, 그렇다고 부모님을 자주 기쁘게 해드리는 일은 하지도 못하면서 공부하라고 걱정해주시는 엄마에게 짜증만 내고 심통을 부린 것이 철부지처럼 느껴졌다. 내가 심청이처럼 부모님을 위해 목숨까지도 희생할 수 있을까? 아마 그러지 못할 것 같다. 목숨을 바치지는 못한다 하더라도 내가 할 수 있는 일, 즉 책을 열심히 읽고, 공부를 열심히 해서 멋진 꿈을 이루는 사람이 되어야겠다.

따라서 앞서 언급했던 것처럼 책에 대한 요약, 책에서 인상 깊었던 내용을 언급하고 이유 정리, 마지막으로 책의 내용과 자신을 연결짓기와 같이 3단계로 정리하는 훈련을 한다면 매우 우수한 독서감상문을 쓸 수 있게 된다.

기사문 쓰기　　　　　　　기사문은 '6하원칙(언제, 어디서, 누가, 무엇을, 어떻게, 왜)'와 같이 6가지의 질문에 대한 답글 형태로 자세하게 정리하는 글쓰기이다. 주로 신문기자들이 이것을 토대로 하여 신문기사를 쓴다. 특히 읽은 이야기를 기사문형태로 쓰게 해 보거나 이야기의 내용과 관련하여 자신이 겪었던 특별한 경험이나 사건을 떠올려보게 하고 그것을 기사형태로 글을 써보도록 하면 좋은 글쓰기가 될 것이다.

> 지난 2월 모 초등학교에서 문석우라는 3학년 학생이 전교생이 강당에 모인 자리에서 자신에게 수여되는 모범상을 받지 않고 오히려 울기만 했다는 이상한 일이 벌어졌다. 이 같은 일이 벌어진 이유는 석우가 1년동안 소아마비를 앓고 있는 같은 반 친구 민영택의 가방을 들어주었지만 자신이 스스로 선행을 한 것이 아니라고 생각하였고, 특히 이날 영택이의 가방을 들어주지 않고 혼자 학교로 온 것이 너무나 후회스러웠고 미안함에 그만 이 같은 일을 벌였다고 한다.
>
> 『가방 들어 주는 아이』를 읽고

기행문 쓰기　　　　　　　기행문은 자신이 다녀온 여행의 내용을 설명문과 일기문을 합쳐 놓은 듯한 글쓰기 형식으로 여행지를 설명하고, 이곳에서 겪거나 알게 된 내용을 일기문이나 생활문의 형태로 정리하는 글쓰기이다. 특히 여행지에서 얻은 이야기나 전설, 다양한 일화를 이야기 형태로 정리해 보는 것도 좋은 글쓰기라 할 것이다.

지난 1월 6박 8일의 일정으로 유럽여행을 다녀왔다. 독일, 프랑스, 스위스, 이태리 등 총 4개국의 대장정이었다…중략…

일정의 넷째 날 이태리의 베네치아로 떠났다. 수상도시라 일컫는 이곳에서 재미있는 이야기가 담겨있는 장소를 가이드가 설명해 주었다. 일명 탄식의 다리라고 불리는 이곳은 두칼레 궁전과 작은 운하를 사이에 두고 동쪽으로 나 있는 감옥을 잇는 다리이다. 1600년부터 1603년까지 안토니 콘티노(Antoni Contino)의 설계로 만들어졌다. "10인의 평의회"에서 형을 받은 죄인은 누구나 이 다리를 지나 감옥으로 연행되었다. 죄인들은 이 다리의 창을 통해 밖을 보며 다시는 아름다운 베네치아를 보지 못할 것이라는 생각에 탄식을 했다고 한다. 다리로 이어지는 감옥은 조반니 카사노바가 갇혔던 곳으로도 유명하다.

-탄식의 다리-

일기문 쓰기　　　　　　일기문은 자신이 하루에 겪었던 일 중에서 감명 깊었거나 반성할 점, 새롭게 얻은 점 등을 생각해 보고 글로 기록하는 글쓰기이다. 특히 이야기 책을 읽고 이와 관련된 자신의 생각이나 느낀 점을 쓰면 멋진 독서일기가 된다.

요즘 독서지도 선생님이 말씀해주신 것처럼 하루 30분 독서를 실천하려고 노력중이다. 그래서 책을 꺼내들었다. 이 책의 이름은 『어린 왕자』이다. 여러 행성을 어린 왕자가 여행하며 이상한 어른들을 만나는 장면에서 서로 배려하지 못하고 이기적인 사람들을 비판하고 있다고 생각했다. 실제로 우리 주변에선 자신만을 생각하며 욕심을 내거나 심지어 범죄까지 저지르는 일이 자주 발생하고 있다. 하지만 그것이 남의 일만은 아니다. 나 역시도 욕심을 내며 자신만을 생각하고 있을 때가 많다는 것을 깨달았다. 오늘도 친구가 새로 샀다며 자랑한 스마트폰이 너무 갖고 싶어 엄마에게 사달라고 조르다 혼이 났다. 지금 갖고 있는 스마트폰은 산 지 8개월밖에 되지 않는 것임에도 나는 새 것이 탐이 났던 것이다. 책을 읽기 전까지는 내 잘못보다는 스마트폰을 사주지 않는 엄마에게 화가 나 있었지만 책을 읽고 나선 그런 마음이 사라졌다. 역시 책은 사람을 바꾸어 주는 힘을 가진 것 같다.-

서평 쓰기　　　　　　서평은 독서감상문과는 달리 책의 줄거리 요약과 더불어 이 책의 주제, 이 책이 갖는 좋은 점, 비판할 점 등을 분석하는 글이다.

『마당을 나온 암탉』은 황선미 작가의 작품이다. 주인공 잎싹은 난용종으로 새끼를 낳을 수 없는 암탉이지만 엄마가 되어 보고 싶은 소망을 갖고 있다. 주인에 의해 버려진 잎싹은 '나그네'라는 청둥오리 덕분에 족제비로부터 살아나게 되고 그 후 그의 알을 품어 자신의 꿈을 이루게 된다. 태어난 청둥오리, '초록머리'를 자신의 자식처럼 애지중지 키우고 안전한 곳으로 떠나보낸 뒤, 자신은 족제비의 먹이가 된다는 줄거리다.

이 책의 주제는 소망을 갖고 이것을 이루려는 의지, 모성애와 희생정신 등이라고 할 수 있다. 아울러 이 책은 현대사회의 문제점인 이기주의와 치열한 투쟁적인 삶을 비판하고 있다. 행복의 조건에 대한 철학까지도 내포하고 있다. 이처럼 이 책은 아이들뿐만 아니라 어른들에게도 많은 교훈을 주는 좋은 책이지만 단점이라면 너무 많은 주제를 담고 있어 명확한 주제 전달이 아쉽다는 것과 난종용과 일반 암탉의 차이점 등을 좀더 책의 내용에서 구체적으로 전달했으면 하는 것 등이다.

의미지도 쓰기　　　　　　　의미지도는 읽은 책의 범주화된 정보를 시각적으로 정리해 보는 활동으로 배경지식을 조성하고 활성화하는 데 유용하다. 마인드맵과 유사한 글쓰기이다.

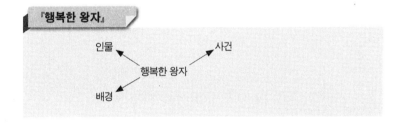

KWL표 쓰기　　　　　　　KWL표는 학생들이 글을 읽기 전에 특정 화제에 대해 알고 있는 것, 알고 싶은 것이 무엇인지 확인할 수 있도록 간단한 틀을 제공해주는 글쓰기의 하나이다.

K(know) 알고 있는 것	W(Want to know) 알고 싶은 것	L(Learned) 알게 된 것
·성선설 ·공자	·맹자의 사상 ·왕도정치	·사서(논어, 맹자, 대학, 중용) ·송나라 주희의 주자학 ·순자(성악설) ·공자의 사상과 같은 점과 다른 점 (공자의 사상을 계승했다는 점에서 는 공통점이 있으나 보다 백성들의 입장에서 이해하려고 했던 것이 다 르다.)

문학지도 쓰기　　　　　　문학지도는 중요하거나 흥미 있는 정보를 파악하고 조직하는 것을 도움으로써 독해를 향상시키는 데 필요한 글쓰기이다.

김동인의 "감자"

범주명	관련 정보
인물	복녀, 복녀의 남편, 왕서방, 한의사 등
사건	·복녀는 의지 없고 무기력한 남편에게 시집을 간다. ·칠성문 밖 빈민굴에서 살다 결국 돈 때문에 타락해 간다. ·질투심에 왕서방을 찾아간 복녀는 처절한 죽음을 맞이한다.
배경	일제 식민지 시절의 조선
주제	-환경결정론 -환경에 의해 타락해 가는 인간의 한 단면 -가치관 상실과 물질에 대한 탐욕을 비판

인물지도 쓰기　　　　　　　　　인물지도는 인물과 그들의 관계를 분석
하는 데 사용된다.

『화랑 바도루』	
바도루	아선
정의 용기 올바른 가치관 화랑정신 의리 희생정신 귀족 출신	불의 비겁 욕심 이기적 진골 출신 화랑이 못됨

인물망 쓰기　　　　　　　　　인물망 쓰기는 인물의 특성을 뒷받침하는
특정 행동을 기록하는 글쓰기이다.

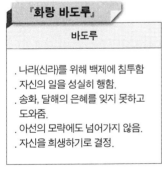

『화랑 바도루』
바도루
. 나라(신라)를 위해 백제에 침투함 . 자신의 일을 성실히 행함. . 송화, 달해의 은혜를 잊지 못하고 　도와줌. . 아선의 모략에도 넘어가지 않음. . 자신을 희생하기로 결정.

감정표 쓰기　　　　　　　　감정표는 다른 관점을 파악하고 서술하는 형식을 제공함으로써 작품 감상을 돕는 데 활용하는 글쓰기이다.

"심청전"

인물	사건	감정
심학규	· 아내가 출산하고 죽었을 때 · 심청이가 공양미 삼백 석에 죽는다는 소릴 들었을 때 · 심청이가 뱃사람들에게 끌려갈 때	· 원통, 후회, 고통 · 자신에 대한 원망, 후회, 심청에 대한 사랑 · 아픔과 고통, 책임감

벤다이어그램 쓰기　　　　　　벤다이어그램 쓰기는 두 명이나 그 이상의 인물, 사건, 또는 책들을 비교하거나, 등장인물과 독자 자신을 비교할 기회를 주는 유용한 글쓰기이다.

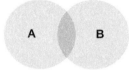

책 개요표 쓰기　　　　　　책 개요표 쓰기는 같은 저자 또는 같은 주제를 다룬 책을 조사하고자 할 때 유용하다. 저자나 주제별로 책에 대한 개요표를 작성하여 비교해 본다.

작가 고정욱

『가방 들어 주는 아이』, 『아주 특별한 우리 형』, 『괜찮아』, 『안내견 탄실이』 등 고정욱 작가의 작품을 줄거리 요약, 인물, 사건, 배경, 주제 등의 항목에 각각 기재하고 비교해 보면서 공통점과 차이점을 분석할 수 있다.

테이블 대화 쓰기   테이블 대화 쓰기는 서로 다른 책에 등장하지만 같은 행동을 하는 인물에 관해 학생들이 서로 의견을 나누어 정리하는 글쓰기이다.

『신데렐라』, 『콩쥐팥쥐』, 『헨젤과 그레텔』, 『백설공주』에서
등장하는 새엄마(계모)에 대해

독서퀴즈 쓰기   독서퀴즈 쓰기는 학생들에게 읽은 책의 내용에 대해 적절한 육하원칙의 질문을 통해 다양한 퀴즈를 만들고 풀어보게 하는 글쓰기로서 흥미를 유발하고 인지력을 테스트할 수 있는 활동이다.

『원숭이 꽃신』을 읽고

1. 원숭이 꽃신에 등장하는 주인공은 누구인가요?
2. 오소리는 왜 원숭이에게 꽃신을 선물하였나요?
3. 원숭이는 왜 계속 꽃신을 신을 수밖에 없었나요?
4. 오소리는 원숭이의 무엇을 빼앗았나요?
5. 원숭이 꽃신이 주는 교훈은 무엇인가요?

단어 쓰기   단어 쓰기는 읽은 책에서 중요한 단어를 교사나 학생이 뽑아 글로 정리할 수 있도록 하는 활동으로 어휘력을 키워 주며 단어를 통해 새로운 문장을 만들어보는 유용한 글쓰기 활동이다.

가정문 쓰기　　　　　　　가정문 쓰기는 '만약에 ~라면'이라는 주제로 어떤 상황을 가정하고, 그에 따라 사건과 인물의 행동이 어떻게 바뀔지 상상하는 활동으로 자신을 책의 내용에 적극적으로 가담할 수 있게 하여 상상력을 키우고, 작품이해능력, 감상능력을 향상시킬 수 있는 글쓰기이다. 가령 "내가 주인공이었다면 어떻게 했을까요?", "그때 그 일이 일어나지 않았다면 어떻게 되었을까요?" 와 같은 방법으로 생각하게 해서 글로 정리할 수 있도록 한다.

주인공 인터뷰기사 쓰기　　　　　　주인공과 인터뷰기사 쓰기는 주인공에게 궁금한 것을 묻고 답하는 형식의 인터뷰기사를 작성토록 하는 것으로 인물의 행위의도를 분명하게 파악하게 하는 데 매우 유용하며, 신문이나 방송을 위한 글쓰기를 익히는 데도 매우 유용하다.

사례 1
책명: 『B사감과 러브레터』

기자: 학생들에게 온 러브레터를 보았을 때 어떤 기분이었나요?
B사감: 학생들이 하라는 공부는 안하고 연애질을 하는 것 같아 화가 났습니다.
기자: 학생들이 러브레터를 받았다는 것을 알게 되었을 때 왜 사감실로 불렀나요?
B사감: 연애를 하게 되면 공부에 집중하지 못하게 된다고 생각하여 교육자로서 책임을 가지

고 타이르기 위해 사감실로 불렀습니다.

기자: 왜 남학생들이 면회하러 올 때마다 핑계를 대어 만나지 못하게 했나요?

B사감: 가족이 올 수 있지만 가족이라는 핑계로 몰래 남자를 만나 연애를 하게 될까봐 걱정이
되어 만나지 못하게 하였습니다.

기자: 사감선생님이 타이르시면 학생들이 러브레터를 받는 횟수가 줄어든다고 생각하나요?

B사감: 아니오. 오히려 더 심해지는 것 같아요.

기자: 왜 학생들이 받은 러브레터를 혼자 읽으면서 연기까지 하였나요?

B사감: 어린 나이에 이런 글을 쓴다는 것이 어이가 없고 웃겨서 해보았습니다.

(중학교 1학년 이주현 학생의 글)

사례 2
책명: 『연평도 포격 그로부터 2년 후』

기자: 지금 무슨 일이죠?

정부관계자: 지금 북한의 포격으로 인해 섬 하나가 공격 받아서 초토화된 상태입니다.

기자: 그렇다면 북한은 보복공격을 받게 되나요?

정부관계자: 네, 3분후 공격 예정입니다.

기자: 보복전력은 어느 정도 됩니까?

정부관계자: K-9 자주포 80발의 포탄으로 대응타격할 것입니다.

기자: K-9 자주포는 뭐죠?

정부관계자: 세계 최강의 성능을 가지고 있는 전술무기입니다. 자주포라고 기존의 견인포에
다가 바퀴랑 엔진을 부착하여 기동력까지 겸비한 무기입니다.

기자: 화력은 강력합니까?

정부관계자: 5발의 포탄만으로도 적의 진지를 무력화시킬 수 있습니다.

(중학교 1학년 오인협 학생의 글)

독서신문 쓰기　　　　　　독서신문 쓰기는 신문에 실리는 다양한
형식을 빌려 글의 내용을 정리하고 창의적으로 표현하게 함으로써 읽은 책의
내용을 보다 다각도로 이해할 수 있게 하며, 여러 장르의 글쓰기를 통해 글쓰
기의 재미를 함께 얻어갈 수 있는 유용한 활동이다. 사설, 만화, 뉴스, 인터뷰,
광고, 독자투고, 기타 기획기사와 같은 다양한 글쓰기가 가능하다.

시나리오나 희곡으로 바꿔 쓰기 기존 이야기를 영화나 연극을 위한 시나리오, 희곡 등의 대본으로 바꾸어 만들어보는 글쓰기로 대화체 형식의 글쓰기에 유용하다. 또한 앞서 설명한 개작 형태의 글쓰기도 가능하다.

책 광고문 쓰기 광고문 쓰기는 읽은 책의 핵심내용을 알릴 수 있는 광고를 만들어봄으로써 한눈에 작품을 이해할 수 있고 장점을 파악할 수 있으며, 설득이 가능한 설득문 형태의 글쓰기 훈련에 유용하다.

「세종대왕」

이 책의 장점은 양반들보다는 백성들, 힘든 사람들을 생각하는 따뜻한 마음을 배울 수 있고, 우리의 고유한 문화이자 자랑거리인 한글의 우수성, 독창성, 과학성을 알 수 있다는 것이다.
특히 이 책은 세종대왕이 고생하는 신하를 위해서 자신의 옷을 덮어 주는 장면으로 인해 상대방을 배려하는 자세를 배울 수 있어서 인상 깊었다. 이 책을 통해 우리 한글의 우수성과 가치를 깨달을 수 있다. 또한 세종대왕의 배려하는 마음, 약한 자를 돕는 마음 등 아주 좋은 것들을 본받을 수 있다. 책을 읽게 된다면 우리가 이제까지 가치를 몰랐던 한글의 가치를 알고, 소중히 여길 수 있다.

독서문집 쓰기 독서문집 쓰기는 읽은 책의 감상문이나 다양한 글쓰기를 묶어서 책 형태로 만드는 활동으로 책을 만드는 과정에 대한 이해와 더불어 자신도 책을 만들 수 있다는 자신감과 작가적 재능을 발견하는 데 큰 도움이 되는 글쓰기이다.

독서 만화 그리기 독서 만화 그리기는 작품의 줄거리나

가장 인상 깊었던 내용을 만화로 담아내는 활동으로서 말풍선 안에 정제된 글쓰기가 가능하며, 쓰기의 흥미를 유발하며 작품의 형상화를 돕는 유용한 활동이다.

주제가(主題歌) 쓰기　　　　　　　　작품의 주제가 쓰기는 기존의 동요나 노래를 선택하여 그 곡에 맞게 작품의 내용이나 주제를 담은 가사를 써 봄으로써 노랫말을 통해 내용 이해와 더불어 시와 음악에 대한 재능을 발견하고 키워 주는 좋은 활동이다.

이상에서 소개한 것 이외에도 무궁무진한 글쓰기 활동이 존재한다. 더 즐겁고 유익한 글쓰기 활동을 스스로 개발해 보고 활용해 보는 것도 좋을 듯하다.

에필로그 ● ● ●

"스토리텔링을 활용한 독서교육" 강의가 끝날 때마다 항상 느끼는 점이 있다. 학생들이 스토리텔링에 관심을 갖고 다양한 결과물을 제대로 만들어 낼 때의 보람과 즐거움이 그것이다. 그러면서도 필자 역시 보다 적극적으로 이야기 창작에 매진해야겠다는 다짐을 하면서도 다짐에 그치고 말 때가 많다는 것이 늘 아쉬움으로 남는다. 학생들에게 스토리를 창작해 보라고 권유하면서도 가르치는 나 자신은 바쁘다는 핑계로 창작활동에 미진한 점이 나 자신에게도 또 많은 학생들에게도 죄를 짓는 느낌이었다. 이 책을 쓰게 된 이유 중의 하나가 바로 나 자신이 이 분야에 좀 더 집중하고 매진해야겠다는 다짐을 지켜야겠다는 의지의 산물이라고 해도 과언은 아닐 것이다.

1부에서 스토리텔링이 갖는 무한한 가능성에 대해 살펴보았다. 스토리텔링은 엄청난 부가가치를 갖는 첨단산업으로 탈바꿈할 수 있는 장점을 가졌다. 또한 그러한 가능성과 가치창출은 누구에게나 열려 있다. 원 소스 멀티 유즈(one source multi use)는 스토리텔링을 한마디로 대변해 주는 특성이자 장점이다. 10년 전 [대장금] 이야기가 드라마로 제작되어 방영된 이후 엄청난 수익을 가져다 주었고, 그 안에 숨어 있는 많은 가치는 돈으로 환산하기도 어렵다. 특히 대한민국의 국격(國格)을 상승시키며, K로 시작되는 한류를 이끌어간 원동력이 되었다. 이렇듯 스토리텔링은 앞으로의 미래를 이끌어갈 기대주이며, 유망주이다.

필자는 스토리텔링의 가장 기본이자 전형이라 할 수 있는 독서에 초점을 두었다. 영화로 성공한 "해리포터" 역시 책에서부터 시작되었기 때문이다. 독서교육 없이 스토리텔링을 논하는 것 자체가 어떻게 보면 무의미하기도 하다는 점이 이 책을 집필하게 된 주된 목적이었다. 따라서 2부에서는 스토리를 직접 창작해 보는 활동에서부터 나아가 이미 창작된 다양한 이야기를 활용한 독서교육을 다양한 사례와 실제 활용하는 수업내용까지 접목하여 많은 독자들이 독서교육에 적용할 수 있도록 하였다. 그리고 독서토론, 글쓰기 등 다양한 독서활동과 그 수업결과물도 함께 게재하였다.

대학입시 위주의 우리나라 교육에 있어 필자는 독서교육이야말로 그 대안교육이 된다는 믿음을 가졌기에 지금까지 독서교육에 몸담아왔다. 하지만 독서교육 역시 입학사정관제에 도움이 되는 스펙쌓기나 논술시험 준비용 교육으로 변질되어 가고 있는 현실을 보며 안타까움을 느낀다. 이러한 상황에서 독서교육도 시대에 맞춰 변화와 개혁이 필요하다는 인식 하에 독서교육을 다양한 분야에서 활용할 수 있도록 독서교육이 갖는 엄청난 파워와 스토리텔링의 무한한 가능성을 접목하게 되었다. 이 책자를 통해 우리나라의 미래를 짊어진 멋진 인재를 만들어가는 데 이 책이 도움이 되었으면 하는 바람이다.

배철우

참고 자료 ● ● ●

강숙인(2007). 『마지막 왕자』. 푸른책들.

고재학(2010). 『부모라면 유대인처럼』. 예담프렌드.

고정욱(2004). 『아빠에게 돌 던지는 아이』. 중앙출판사.

구리 료헤이(2013). 『우동 한 그릇』. 청조사.

권정생(2013). 『몽실언니』. 창비.

교육방송 이야기의 힘 제작팀(2011). 『이야기의 힘』. 황금물고기.

김아리(2002). 『밥 힘으로 살아온 우리 민족』. 아이세움.

롤프 옌센(2000). 『드림소사이어티(DREAM SOCIETY)』. 리드리드출
　판.

마빈 토카이어(2001). 『탈무드』. 인디북스.

배철우(2007). 『책벌레 공부벌레』. 예영커뮤니케이션.

배철우(2009). 『책 읽어주는 부모가 진짜 부모다』. 예영커뮤니케이션.

이송은(2012). 『스토리텔링과 책놀이』. 창지사.

전성수(2012). 『부모라면 유대인처럼-하브루타로 교육하라』. 예담프렌
　드.

정약용(2004). 『아버지의 편지』. 함께읽는책.

정창권(2008). 『문화콘텐츠 스토리텔링』. 북코리아.

조앤 K. 롤링(1999). 『해리포터와 마법사의 돌』. 문학수첩.

조정래(2013). 『스토리텔링 멘토링』. 행복한미래.

쉘 실버스타인(2006). 『아낌없이 주는 나무』. 시공주니어.

트리나 폴러스(1999). 『꽃들에게 희망을』. 시공주니어.

프랜시스 호지슨 버넷(2012). 『비밀의 화원』. 글담.

황선미(2002). 『마당을 나온 암탉』. 사계절.

황순원(1999). 『소나기』. 다림.

홍숙영(2011). 『스토리텔링 인간을 디자인하다』. 상상채널.

EBS 다큐멘터리 〈학교란 무엇인가 제7부 책읽기, 생각을 열다〉

EBS 다큐프라임 〈행복의 조건, 복지국가를 가다〉

EBS 다큐프라임 〈창의성을 찾아서〉

EBS 집중기획 〈검색보다 사색입니다〉

MBC 드라마 〈마의〉, 〈대장금〉

KBS 다큐멘터리 〈책 읽는 대한민국, 읽기혁명 2부작〉

KBS 다큐멘터리 〈공부하는 인간 5부작〉

KBS 스페셜 다큐멘터리 〈세계탐구기획 유태인 2부작〉

KBS 과학카페 〈읽기의 과학〉

KBS 수요기획-〈세상을 이끄는 1%천재들의 독서법, 천재 책을 말하다〉